MARCO ⊕ POLO

W0247790

SCHWARZWALD

Wiesbaden
Frankfurt a.M.
Mainz
Rheinland-
Pfalz
Hessen
Saarland
Baden-
Württemberg
Saarbrücken
Karlsruhe
Stuttgart
Straßburg
Baden-
Baden
FRANK-
REICH
Schwarzwald
Bayern
Rhein
Donau
Freiburg
Neckar
Main
SCHWEIZ
A

MARCO POLO Koautor
Florian Wachsmann

Florian Wachsmann, geboren in Berlin, wuchs in
Bayern auf, im Schwäbischen und im Rheinland.
Fürs Studium zog er nach Freiburg – und blieb
dort kleben. Mittlerweile arbeitet er als Redakteur
für den Burda-Verlag, wo er über das Reisen und
Genießen schreibt. So gewappnet fährt, wandert,
radelt und „schmatzt" er sich seit Jahren durch den
Schwarzwald. Ein feiner Recherche-Acker, findet er.

www.marcopolo.de/schwarzwald

Die besten Insider-Tipps → S. 4

INSIDER TIPP

Best of ... → S. 6

Nördl. Schwarzwald → S. 32

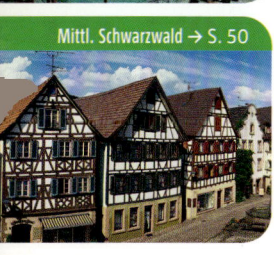

Mittl. Schwarzwald → S. 50

SYMBOLE

INSIDER TIPP   Insider-Tipp

★   Highlight

●●●●   Best of ...

☼   Schöne Aussicht

☺   Grün & fair: für ökologische oder faire Aspekte

(*)   kostenpflichtige Telefonnummer

PREISKATEGORIEN HOTELS

€€€   über 140 Euro

€€   90 – 140 Euro

€   bis 90 Euro

Die Preise gelten für ein Doppelzimmer pro Nacht mit Frühstück

PREISKATEGORIEN RESTAURANTS

€€€   über 20 Euro

€€   10 – 20 Euro

€   bis 10 Euro

Die Preise gelten für ein für das jeweilige Lokal typisches Hauptgericht

Titelthemen: entstaubte Heimatklischees S. 21, 122 | Rodeln am Hasenhorn S. 82

INHALT

Südl. Schwarzwald → S. 68

Hochschwarzwald → S. 86

Ausflüge & Touren → S. 100

Reiseatlas → S. 124

GUT ZU WISSEN

KARTEN IM BAND
(126 A1) Seitenzahlen
und Koordinaten verweisen
auf den Reiseatlas
(0) Ort/Adresse liegt außerhalb des Kartenausschnitts
Es sind auch die Objekte mit
Koordinaten versehen, die
nicht im Reiseatlas stehen
Karten von Baden-Baden,
Freiburg und Freudenstadt im
hinteren Umschlag

UMSCHLAG HINTEN:
FALTKARTE ZUM
HERAUSNEHMEN →

FALTKARTE
(A–B 2–3) verweist auf
die herausnehmbare Falt-
karte

Die besten MARCO POLO Insider-Tipps

Von allen Insider-Tipps finden Sie hier die 15 besten

INSIDER TIPP **Tönende Mega-Skulptur**
In der Klosterkirche von Alpirsbach parkt seit kurzem eine neue Orgel im Querschiff. Das imposante Instrument steht frei und wurde als gewaltige Skulptur gefertigt. So kommt zum Hörgenuss noch ein Augenschmaus hinzu (Foto o.) → S. 45

INSIDER TIPP **Frisch auf den Tisch**
Zwei-Sterne-Koch Martin Herrmann lässt sich in Bad Peterstal-Griesbach gerne in die Töpfe schauen: Bei der Küchenparty, die er regelmäßig veranstaltet, bekommen seine Gäste die Köstlichkeiten daraus auch serviert – an Tischen direkt in der Küche → S. 53

INSIDER TIPP **Licht aus!**
Kurz bevor das alte Jahr in Schiltach endet, werden die Lichter der Stadt ausgeknipst, dann versammelt sich die Gemeinde zum Silvesterzug mit Laternen. Am Straßenrand beleuchten nur Fackeln den romantisch-stimmungsvollen Marsch durch das Fachwerkstädtchen → S. 56

INSIDER TIPP **Buddeln wie ein Bergmann**
In der Mineraliengrube Clara in Wolfach dürfen Kinder und Erwachsene selbst nach den funkelnden Steinen buddeln → S. 57

INSIDER TIPP **Weißes Gold tanken**
Die skurrilste Zapfsäule der ganzen Region steht im Oberglottertal: Hier wird statt Super bleifrei Rohmilch getankt – zum sagenhaften Preis von 65 Cent pro Liter → S. 74

INSIDER TIPP **Über Stock und Stein**
Von Freiburgs Hausberg Schauinsland geht's per Tretroller ins Tal. Die Downhill-Tour durch den Wald garantiert reichlich Adrenalin und Abflüge ins Unterholz → S. 74

INSIDER TIPP **Bunt, bunt, bunt …**
… blüht das Eggener Tal im Frühjahr. Die Obstblüte verwandelt das malerische kleine Tal im Markgräflerland in eine Badewanne voller Wattebäusche. Vergessen Sie den Picknickkorb nicht! → S. 77

INSIDER TIPP ▶ Im Schlepptau der Huskys

Der Führerschein für polare Fortbewegung im Schwarzwald-Winter: In den Musher-Kursen in Todtmoos werden Sie zum Hundeschlittenführer ausgebildet (Foto u.) → S. 82

INSIDER TIPP ▶ Robin Hoods Erben

In Eisenbach hat sich ein Hotel eigens auf Bogenschützen spezialisiert. Profis und Anfänger finden hier gleichermaßen allerhand Ziele zum Anvisieren → S. 106

INSIDER TIPP ▶ Schwarzwald, voll echt!

Original-Mitbringsel *Made in Black Forest* vom Schinken bis zum Strohschuh kaufen Sie am besten bei Heimatsinn in Menzenschwand. Da ist auch drin, was draufsteht → S. 80

INSIDER TIPP ▶ Kein Spaß

... ist das DDR-Museum in Pforzheim: Stasi, Stacheldraht, Plaste und Elaste. Mehr bedrückt als ostalgiert kommt man nach dem Rundgang wieder raus → S. 46

INSIDER TIPP ▶ Gar nicht vegetarisch

Die *Lange Rote* auf dem Freiburger Münstermarkt, eine Schweinswurst mit Zwiebeln oder ohne, wird täglich tausendfach vertilgt. Es gibt Einheimische, die frühstücken das Kultobjekt vom Rost sogar → S. 70

INSIDER TIPP ▶ Live is Live

Im Equipage-Club in Baden-Baden tritt jeden Abend eine Liveband auf. Dazu gibt's Schampus, Cocktails und hübsch was zu gucken – hoher Aufbrezelfaktor! → S. 35

INSIDER TIPP ▶ Wanderkoch

Friedrich Klumpp, Baiersbronner Küchenchef, wandelt gern unter Schwarzwaldtannen. Folgen Sie dem Wanderkoch, das wird informativ und sehr lecker → S. 42

INSIDER TIPP ▶ Wo ist hier der Ausgang?

Das Paradies für Kolbenfresser ist für andere eine echt knifflige Suche nach dem rechten Weg: das Maisfeldlabyrinth in Freiburg-Opfingen → S. 113

BEST OF ...

TOLLE ORTE ZUM NULLTARIF
Neues entdecken und den Geldbeutel schonen

SPAREN

● **Umgemähtes Waldstück**
Katastrophen-Tourismus ist ja eigentlich keine so tolle Sache, auf dem *Lothar-Pfad* (Foto) aber ausdrücklich erwünscht. Während Sie durchs Trümmerfeld kraxeln, gibt Ihnen die Natur für lau eine Lehrstunde darin, wie sie mit den verheerenden Schäden des Orkans umgeht → S. 43

● **Happy Hour ohne Ende**
Spendabel, spendabel, die Hochschwarzwälder: Kaum übernachten Sie bei ihnen mehr als zwei Nächte, drücken sie Ihnen die *Hochschwarzwald-Card* in die Hand und überschütten Sie mit Museumseintritten, Skillifttickets und Eintrittskarten für den Badetempel. Und was wollen sie für all das haben? Keinen Cent! → S. 91

● **Fußpflege zu verschenken**
Mal kitzelig, mal schleimig, mal knirschend, mal rutschig: Im *Barfußpark Dornstetten* sind Sie mit der ganzen Familie auf 2,5 km ohne Schuhwerk unterwegs und bekommen eine Fußreflexzonenmassage der natürlichen Art → S. 110

● **Rodel-Gaudi**
Die *Hornschlittenrennen* im Hochschwarzwald zählen jedes Jahr zu den skurrilsten Winter-Events. Und weil sich die tollkühnen Rodler über jeden Fan freuen, kostet Sie der Platz am Pistenrand auch nichts → S. 98

● **Freiburger Frei-Gehege**
Der *Mundenhof* ist ein Glücksfall für seine Bewohner – Bisons, Affen, allerlei Wild und die frechen Erdmännchen haben in ihren Gehegen viel Platz. Mindestens so glücklich sind auch die Besucher, die das tierische Treiben kostenlos bestaunen dürfen → S. 81

● **Zum Geburtstag viel Glück**
... und hereinspaziert, ohne zu bezahlen! Ein feiner Zug der Damen und Herren *Europapark*. Leider gilt das Geburtstagsgeschenk nur für Besucher bis 12 Jahre. Kleiner Trost für Mami und Papi: Sie haben soeben 32 Euro gespart! → S. 55

●●●● Diese Punkte zeichnen in den folgenden Kapiteln die Best-of-Hinweise aus

TYPISCH SCHWARZWALD
Das erleben Sie nur hier

● **Außer Rand und Band**
Zur *Alemannischen Fasnet* im Januar und Februar übernehmen die Hexenzünfte die Macht im Schwarzwald. In den Straßen und sogar auf den Flüssen wird gelärmt und gefeiert, was das Zeug hält. Lieblingssport der Narren im Hexengewand: „Mädle" erschrecken (Foto) **→ S. 20, 114**

● **Schlemmer-Stätte**
Freunde der exzellenten Küche sind in der Region gut aufgehoben. Das Zentrum für Gaumenwellness finden Sie in *Baiersbronn.* Über diesem Städtchen funkeln die Michelin-Sterne so zahlreich, dass man sich nachts die Straßenbeleuchtung sparen könnte **→ S. 40**

● **Armer, armer Norden**
Der detailreich restaurierte *Morlokhof* zeigt Ihnen: Die Bauernhöfe im Nordschwarzwald sind schlichter als die Walmdach-Paläste im Süden. Oben das einfache Satteldach, darunter ein paar Stuben für den Bauern und sein liebes Vieh. Üppig wie im Süden präsentiert sich allerdings die großmütterliche Kaffeetafel **→ S. 40**

● **Die Symbolik der Bollenhüte**
Die regionale Traditionsmode fällt züchtig aus, wie das *Trachtenmuseum* in Haslach veranschaulicht. Andererseits signalisieren die hochgeschlossenen Damen mit den roten Bollen auf ihrem Hut klipp und klar: Ich bin noch zu haben! **→ S. 52**

● **Postkarten-Idylle**
Das wohl schönste des an malerischen Fachwerkstädtchen reichen Schwarzwalds heißt *Schiltach.* Im tief eingeschnittenen Kinzigtal schlängeln sich verwinkelte Gässchen den Hang hoch, flankiert von teilweise prachtvoll verzierten, sich eng aneinander schmiegenden Häusern **→ S. 56**

● **Der Kuckuck zieht um**
In der Schonacher *Kuckucksuhren-Manufaktur Rombach & Haas* erleben Sie, wie an der Evolution des regionalen Verkaufsschlagers gearbeitet wird. So logiert der Piepmatz mittlerweile auch im Bauhaus-Stil, ein Original bleibt's aber dennoch **→ S. 66**

TYPISCH

BEST OF ...

REGEN

● *FKK für Kunstgeschichtler*
Zwischen üppig verzierten Säulen und unter den Augen antiker Skulpturen lässt das prachtvolle Baden-Badener *Friedrichsbad* die römische Thermenkultur aufleben. Passen Sie nur auf, dass Ihnen die Statuen nichts weggucken: Gebadet wird klassisch-römisch textilfrei → **S. 35**

● *Forschen macht Spaß*
Wie Sie unter anderem bei Zimmertemperatur Ihren Schatten einfrieren, verrät die *Experimenta* in Freudenstadt. Ein Familien-Museum, das Rätsel der Naturwissenschaften präsentiert und lüftet → **S. 43**

● *Die Region im Zwergenmaßstab*
In der Halle der *Modellbahn* in Hausach fahren auf 400 m² 120 Miniaturzüge durch die liebevoll rekonstruierte Schwarzwald-Landschaft. Nicht nur Modellbaufans können hier Stunden verbringen – immer wieder staunend über neu entdeckte Details → **S. 54**

● *Vasen blasen*
Was aussieht wie orangefarbener Kaugummi entpuppt sich als glühendes Glas, woraus in der *Dorotheenhütte* (Foto) in Wolfach die schönsten Gefäße und Skulpturen geblasen werden. Unter den Augen der Meister dürfen Sie auch Ihr eigenes Souvenir anfertigen → **S. 57**

● *Hochhaus unter Tage*
Direkt unterm Gipfel des Schauinsland steht ein gewaltiger Wolkenkratzer im Berg. Mit Helm und Stirnlampe gehen Sie im *Museumsbergwerk* auf Entdeckungsreise → **S. 75**

● *Tuff, tuff, tuff die Eisebahn*
36 Tunnel und 140 Brücken passiert die *Schwarzwald-Bahn* zwischen Hausach und St. Georgen innerhalb einer Stunde. Die Bahnstrecke gehört zu den imposantesten Gebirgsbahnen Deutschlands → **S. 102**

ENTSPANNT ZURÜCKLEHNEN
Durchatmen, genießen und verwöhnen lassen

● **Schwarzwald-Serail**
Wellness wie aus Tausendundeiner Nacht in Bad Wildbad: Das imposant orientalisch gestaltete *Palais Thermal* (Foto) hat mit finnischen Saunen und römischem Dampfbad aber auch ganz internationale Seiten → S. 48

● **Stundenlang sündigen**
Die größten Verführer weit und breit sind die Chocolatiers der *Schwarzwälder Genusswerkstatt* in St. Georgen. Welch eine Sünde, sich durch die riesige Pralinen-Theke zu naschen! Um das süße Vergnügen genüsslich ausdehnen zu können, stehen ein paar Sessel bereit → S. 64

● **Paff-Daddy**
Zugegeben, dicke kubanische Glimmstengel sind nicht jedermanns Sache. Deshalb genießen Sie Zigarren in Freiburg auch im Untergrund – dem Gewölbekeller der gediegenen *Hemingway*-Bar. Der perfekte Ort, um stundenlang genüsslich in seinem blauen Dunst zu dösen → S. 72

● **Treibgut, tiefenentspannt**
Die *Palmenoase* des neuen Badeparadieses in Titisee-Neustadt bietet eine Poolbar für Niedrig-Energie-Enthusiasten. Weil sie im Wasser liegt, lassen Sie sich gemütlich hintreiben, schlürfen ganz relaxed ein paar Cocktails und treiben anschließend noch viel entspannter wieder ab → S. 90

● **Ganz großes Naturkino**
Haben Sie im *Gasthaus Seeheiner* nahe Freudenstadt ein Plätzchen auf der Terrasse ergattert, brauchen Sie dieses nicht zu verlassen – und sehen doch die ganze Gegend. Die Tische und Stühle stehen auf einer großen Drehscheibe → S. 46

● **Im Wasser schweben**
Ab 18 Uhr vergessen Sie in der *Siebentäler Therme* in Bad Herrenalb den Rest der Welt. Dann beginnt nämlich das Klangbaden, das Sie mit stimmungsvoller Über- und Unterwassermusik sanft aus dem Hier und Jetzt rückt → S. 37

AUFTAKT

ENTDECKEN SIE DEN SCHWARZWALD!

Alpine Gipfel im Süden, Schluchten und verwinkelte Täler in der Mitte, anmutige Hügelkämme im Norden: Das ist der Schwarzwald, Deutschlands prominentestes und meistbesuchtes Mittelgebirge. Wie eine Burg, ein allerdings freundlicher Brocken aus Granit und Buntsandstein, bewacht es den südwestlichsten Winkel des Landes, zwingt den jungen Rhein zu einem umständlichen Bogen bis Basel und ins Elsass hinein, ragt stolz und steil aus der sonnenüberfluteten Rheinebene auf und verläuft sich im Osten in sanften Wellen Richtung Schwabenland.

Diese prachtvolle Landschaft, eine gute Luft und wunderbare Küche sind immer noch die drei tragenden Säulen des Fremdenverkehrs, doch darüber hinaus haben die Themen Gesundheit, Sport, Erlebnisparks, bäuerliches Leben und Kultur ganz stark an Gewicht gewonnen. Aus dem heilklimatischen Kurwesen – lange mit dem Charme der Wadenwickel umgeben – ist die Wellness- und Beautybewegung entstanden, mit Schwerpunkten im Nordschwarzwald und seinen Ausläufern Richtung Oberrhein.

Bild: Blick vom Hochfirst bei Titisee-Neustadt

Die jungen Schwarzwälder sind selbst- und naturbewusst, modern und dennoch heimatverbunden

Eine junge, selbst- und naturbewusste Generation wächst nach

Derweil erlebt die Region in diesen Jahren eine interessante Entwicklung. Eine junge, selbst- und naturbewusste Generation wächst nach, die stolz ist auf ihre Heimat – und auf ihre Sprache. Besonders durch den Süd- und den Hochschwarzwald sehen Sie junge Frauen mit T-Shirts spazieren, auf denen in leuchtenden Buchstaben „Schwarzwaldmädel" oder „Guzzischnitte" steht. Letzteres bedeutet aus dem Alemannischen übersetzt Marmeladenbrot, bezeichnet im übertragenen Sinne aber auch allerlei anderes Verführerische zum Anbeißen.

Dieses Selbstbewusstsein hatten die Schwarzwälder nicht immer: „Der Schwarzwald war vor allen Dingen immer das, was man in ihm sehen wollte", schreibt der

Um 600 v. Chr.
Keltische Siedlungen im Breisgau und in der Vorbergzone; die Besiedlung des Schwarzwalds beginnt

15 v.–300 n. Chr.
Aus römischen Militärbefestigungen, Thermalbädern und Gutshöfen entstehen berühmte heutige Kurorte wie Baden-Baden, Bad Krozingen, Badenweiler und Heitersheim

643
Benediktiner besiedeln den Südschwarzwald und gründen viele Klöster

1120
Erste systematische Stadtgründungen im Südschwarzwald, initiiert durch die regionalen Fürstenhäu-

Schriftsteller Jens Schäfer in seiner Gebrauchsanweisung für die Region. Die „Black-Forest-Big-Five" lauteten in den letzten Jahrzehnten daher Kuckucksuhr, Bollenhut, Schinken, Kirschtorte und -wasser. Mittlerweile schämt man sich nicht mehr für dieses Heimatfilm-Image, sondern sagt vielmehr: Verdammt, hier ist es doch echt schön! Die Kirschtorte schmeckt prima, das Wässerle eh, kochen können wir granatenmäßig und jeden Abend ist es beim Wetterbericht nirgendwo so warm wie links unten. Selbst der Kuckuck zieht zuweilen um: Puristische Formen in knalligen Farben hängen an der Wand neben dem altbewährten Piepmatz-Domizil. Originale sind es dennoch, das Geschäft mit der modernen Tradition läuft prächtig. Und sogar aus den schlichten Ferien auf dem Bauernhof ist inzwischen eine neue Urlaubsform geworden, die wohl „Ökourlaub" heißen könnte. Es scheint, als gelinge es dem Schwarzwald gerade, seine Klischees in Stärken zu verwandeln.

Insgesamt erstreckt sich diese starke Region auf rund 160 km Länge. Richtung Rheinebene wird der Wald regelmäßig durchbrochen von aufsässigen kleinen Flüssen und ihren malerischen, teils wildromantischen Tälern. Erdgeschichtlich gesehen ist der Schwarzwald das Ergebnis eines tektonischen Rülpsers, im Tertiär emporgehoben und später, in der Eiszeit, teilweise wieder abgeschmirgelt und gerundet. Von West nach Ost erreicht der Schwarzwald im Süden eine Breite von fast

> **Aus den Ferien auf dem Bauernhof wurde „Ökourlaub"**

... ser. Am bekanntesten sind die Gründungen Freiburg, Villingen und Offenburg

1806
Baden wird nach den napoleonischen Kriegen Großherzogtum, die einflussreichen Klöster werden säkularisiert

1848/49
Badische Revolution

ab 1860
Die systematische Erschließung des Schwarzwalds beginnt. Höhepunkt ist 1887 der Bau der Höllentalbahn

1945
Südbaden und der Schwarzwald werden französische Besatzungszone

60 km, im Norden verjüngt er sich zu einer schmalen Gebirgszunge von gerade noch 20 km Breite.

Rund 60 Prozent des Schwarzwalds sind bewaldet, vorwiegend mit der typischen Fichte. Fälschlicherweise wird diesem Baum wegen seiner finsteren Miene die Patenschaft für den Namen vom schwarzen Wald zugeschrieben. Doch als die Römer,

Die Römer entdeckten die Thermalquellen im Rheintal

auf die diese Bezeichnung zurückgeht, im 1. Jh. n. Chr. zum ersten Mal an den südlichen Ausläufern des Gebirges auftauchten, fanden sie vorwiegend lichte Buchen-, Eichen- und Kastanienwälder vor und nur auf den Höhen Tannen und Fichten. Dass die römischen Geschichtsschreiber trotz des grünen Buchenwalds vom schwarzen Wald sprachen, liegt daran, dass sie von Beschaffenheit und Bewohnern dieses Gebirges keinerlei Kenntnisse hatten, es deshalb als unbeschriebenen und somit schwarzen Fleck auf ihren Karten verzeichneten. Die Römer haben nie einen ernsthaften Besiedlungsversuch unternommen, aber sie haben die Thermalquellen im Rheintal entdeckt und genutzt, und den Weinbau hinterlassen, Erbstücke, von denen die Region heute noch bestens lebt.

Kelten in der vorrömischen und Alemannen in der nachrömischen Zeit gelten als die frühesten Eroberer des Schwarzwalds. Archäologisch greifbare Spuren haben sie nur in der Vorbergzone hinterlassen. Die mühsame Besiedlung einzelner Täler durch Mönchsorden im frühen Mittelalter hat in teilweise grandioser Lage imposante Klosterbauten hervorgebracht. Den Mönchen folgten bäuerliche Kleinsiedler, ab dem 12. Jh. gründeten süddeutsche Adelsfamilien zur Festigung ihrer Gebietsansprüche systematisch Städte. Im Spätmittelalter bildeten sich eigenständige Handwerkszweige aus. Am bekanntesten, und noch heute von Bedeutung, sind die Uhrmacher, die Glasbläser, die Geigenbauer, die Köhler und die Flößer.

Durch den Schwarzwald können Sie sich nicht bewegen, ohne auf Schritt und Tritt auf Spuren dieser Besiedlungs- und Kulturgeschichte zu stoßen. Das sind nicht nur die berühmten Klöster, das sind auch die mächtigen Schwarzwaldhöfe, die unter ihren weit heruntergezogenen Walmdächern ruhen. Und das sind genauso das klappernde Mühlrad und all die traditionellen Handwerkskünste, die bis heute bewahrt blieben.

1974–1978
Eine Verwaltungsreform führt zu vielen Eingemeindungen und kommunalen Zusammenschlüssen. Doppelstädte wie Villingen-Schwenningen und Titisee-Neustadt entstehen

2002
Freiburg: Dieter Salomon wird Deutschlands erster grüner Oberbürgermeister

2006
Fusion der einzelnen Tourismusverbände zur Schwarzwald Tourismus GmbH

2011
Baden-Württemberg: Mit Winfried Kretschmann wird erstmals in der Bundesrepublik ein Grüner Ministerpräsident

Das Fachwerkstädtchen Schiltach war einst Hochburg der Flößer und Gerber im Schwarzwald

In der Landwirtschaft heißen die großen Themen regionale Vermarktung, naturnahe Produktion von Lebensmitteln, Nutzung regenerativer Energien, Landschaftsschutz, artgerechte Tierhaltung. Wochenmärkte mit geradezu mediterranem Charakter, gut sortierte Bauernläden mit Produkten aus der Region, Höfe mit Sonnenkollektoren auf den Hausdächern, von Landwirten betriebene Windräder auf den Höhen und immer mehr kleine, dezentrale Wasserkraftwerke an allen Schwarzwaldbächen zeugen von einer Region, die sich modern, innovativ und doch traditionsbewusst der Zukunft zugewandt hat.

> **Modern, innovativ und doch traditionsbewusst**

Auch jugendliche Trendsportarten wie Drachenfliegen, Inlineskaten und Klettern haben Einzug gehalten. Längst gilt der Schwarzwald europaweit als Eldorado für Mountainbiker. Für neuere Trends stehen weiterhin der Europapark in Rust, sportliche Großereignisse wie das Skispringen, Jazz- und Theaterfestivals sowie Openairkonzerte. Großereignisse ganz anderer Art bietet die alemannische Fasnet – ein fröhlicher Ausnahmezustand, von uralten Narrenzünften organisiert, der auf viele historische Wurzeln zurückgeht und sich in skurrilen, bisweilen schaurigen, immer aber ausgelassenen Bräuchen äußert. Sie variieren stark von Region zu Region.

Nicht nur in der Fasnetzeit werden die Schwarzwälder Gästen etwas eigenwillig und kompliziert erscheinen. Vordergründig sind sie verstockt und eigenbrötlerisch. Hinter dieser Schutzmaske verbirgt sich aber ein lebenslustiger, menschenfreundlicher und neugieriger Menschenschlag, der gern feiert, gern isst und trinkt und der stolz an seiner Heimat hängt. Auch das werden Sie bei einer Reise in den Schwarzwald entdecken.

IM TREND

① Gastspiel

Von der Met ins Rex Die New Yorker Metropolitan Opera zu Gast im Schwarzwald. Kinos der Region übertragen Aufführungen wie „Das Rheingold" und „Boris Godunow" via Satellit live aus der wohl berühmtesten Oper der Welt. Klassik soll somit allen zugänglich gemacht werden. Der Trend schwappt gerade aus den Großstädten ins Freiburger *Harmonie Kino (Kaiser-Joseph-Str. 268 – 270, www.friedrichsbau-kino.de)* und ins Pforzheimer *Rex Kino (Bahnhofstr. 30)*.

Modisch

Made in Black Forest Geben Sie Ihr Hemd für den Schwarzwald! Das Label *Schwarzwald* pflanzt für jedes verkaufte Shirt einen Baum *(www.schwarzwald. co.uk, Foto)*. Zu haben sind die witzigen Designs in Gaggenau bei *Jeans Box (Hauptstr. 36)* oder im *Unimog-Museum (An der B 462, Ausfahrt Schloss Rotenfels)*. Extravagante Mode gibt es bei den Schauen der *FH Pforzheim*. Denn dort lernen die Designer der Region ihr Handwerk. Bei den Semestermodeschauen gibt es ein Best of zu sehen *(Holzgartenstr. 36, www.ge staltung.hs-pforzheim.de)*.

③ Platz da!

Hindernislauf Brücken oder Zäune – für Fans des Trendsports Parkour sind das keine Hindernisse. Im Gegenteil: Sie gehören dazu – um kunstvoll überwunden zu werden. Was verrückt klingt, macht irre Spaß. Einen Einblick in den Funsport gibt es freitags in der Freiburger *Pestalozzischule (Staufener Str. 3)*. Nach ein paar Übungseinheiten kann man sich mit den coolen Freiburger Vorbildern Sven Feix *(www.par kourfreiburg.de.tl, Foto)* oder dem Team *Black Forest* von Stefan Hinkelmann *(www. sportbase-freiburg.de)* messen.

Der Nachwuchs bleibt

Musikalische Heimat So heimelig die Region auch scheinen mag, unter der Oberfläche brodelt es. Während anderswo junge Leute abwandern, bleiben Schwarzwälder Musiker ihrer Heimat treu. Die Dichte der Nachwuchsbands steigt und die Zahl der Bandwettbewerbe. So zeigen die jungen Wilden im Nordschwarzwald beim *Music Contest (www.netzwerk-musik.de),* was in ihnen steckt. Und in Lahr tritt der Nachwuchs im *Schlachthof* an *(www.schlachthof-lahr.de).* Auch die Ergebnisse können sich sehen – bzw. hören lassen – lassen. Der Rock von *Contenance in the Fridge* aus St. Georgen *(www.citf.de)* oder von *The Confused* *(www.the-confused.com)* sowie der Funk von *Funkskirt (www.funkskirt.de)* begeistern bestimmt bald den Rest der Republik.

Regio-Spa

Wellness aus dem Wald Fichtenwälder so weit das Auge reicht – Wellness-Anbieter bedienen sich nun an dem natürlichen Rohstoff und nutzen die ätherische Wirkung von Fichtennadeln, Brennnesseln und Co. für ihre Anwendungen. Das *Wellness- & Vitalhotel Mangler* hat sich auf heimische Heilmittel spezialisiert. Im *Bergvital*-Spa wirken Stutenmilch und Tannenhonig, Heublumen und Wein wahre Wunder *(Ennerbach 28, Todtnauberg, Foto).* Im Spa des *Hotels Krone Lamm* kommen Holunder, Brennnessel und sogar Bier zum Einsatz *(Marktplatz 2–3, Bad Teinach-Zavelstein).* Wer Schwarzwald-Beautyprodukte mit nach Hause nehmen will, greift auf dem *Ospelehof* zu. Die Naturkosmetik soll mit frischer Molke für einen strahlenden Teint sorgen *(Windeck 2, Hinterzarten).*

STICHWORTE

ALEMANNEN

Alemannia ist die fast ebenso gebräuchliche internationale Bezeichnung für Deutschland wie Germany. Dabei sind die Alemannen historisch gesehen nur ein kleiner westgermanischer Stamm gewesen, der ab dem 2. Jh. Südwestdeutschland sowie Teile der heutigen Schweiz und des Elsass besiedelte. Die am Ostrand des Schwarzwalds ins Schwäbische übergehende alemannische Mundart wird liebevoll vom Verein der „Muettersprochgesellschaft" und seinen vielen Ortsgruppen gepflegt.

BOLLENHUT

Ursprünglich stammt dieser Strohhut mit den Bollen obendrauf aus zwei kleinen Seitentälern der Kinzig, dem Gutachtal und dem Kirnbachtal, wo er heute noch von den Frauen im Heimat- und Trachtenverein „Kirnbacher Kurrende" stolz ausgeführt wird.

Vierzehn schwarze Bollen auf dem Hut signalisieren: Diese Frau ist verheiratet! Rote Bollen bedeuten: unverheiratet. Echte Bollenhüte – komplett mit Tracht für 2000 Euro – werden in Kirnbach und im Nachbardorf Gutach noch in Handarbeit gefertigt, aber nur an Einheimische verkauft. Als Souvenir tut es auch das Imitat ab 20 Euro; das gibt es überall im Schwarzwald.

ENERGIE

Dass die Kuh Milch gibt, das wissen wir alle, und dass unter einem Kuhfladen auf der Weide im nächsten Jahr das Gras

Bild: Alemannische Fasnet – Narrensprung in Rottweil

Alemannische Energie: Im Schwarzwald geht es eigenwillig und für Gäste manchmal durchaus überraschend zu

besonders grün wächst, also irgendeine geheime Kraft darin wohnt, hat sich auch schon herumgesprochen. Aber eine Kuh, die Strom gibt? Die Schwarzwaldkuh, das Wundertier, hat es geschafft. Sie produziert im Labyrinth ihrer vier Mägen nämlich Methangas, und der kluge Schwarzwaldbauer hat herausgefunden, wie er dieses Biogas zur Strom- und Wärmeerzeugung nutzen kann: Der Kuhmist und andere landwirtschaftliche Abfälle werden in Silos gesammelt. Bei der Zersetzung entstehen Faulgase, die

in Generatoren abgeleitet werden. Durch die Verbrennung des Gasgemischs werden Strom und Wärme erzeugt. Dahinter steckt ein starker Trend mit noch ganz anderen Facetten: der Trend vom Landwirt als Energiewirt. Die Bauern betreiben zunehmend Wind- und Wasserkraftanlagen, nutzen Solarenergie, verfeuern ihr Holz in Holzhackschnitzelheizungen, sie bauen Raps an, aus dem Biodiesel gewonnen wird. Innovative, regenerative Energien spielen im Schwarzwald eine immer größere Rolle.

Der Schwarzwald als Vorreiter bei der Nutzung regenerativer Energien ist auf speziell ausgelegten Wanderrouten auch schon touristisch erfahrbar (Infos: www. naturenergie-wutachregion.de).

Wie das Land, so das Bier: Tannenzäpfle

FASNET

● Das wichtigste Fest im Schwarzwald beginnt am *schmutzigen Dunschdig* mit einer Art Lynchjustiz. Der Bürgermeister muss den symbolischen Rathausschlüssel abliefern, und seltsam maskierte Gestalten in bunten Kostümen richten unter ohrenbetäubender, triumphaler Blasmusik vor dem örtlichen Rathaus einen großen geschälten Baum auf, den Narrenbaum. Bis Aschermittwoch herrscht dann Ausnahmezustand, ein Hexen- und Schelmentreiben mit von Ort zu Ort unterschiedlichen Traditionen. Was man wissen muss: Die Brauchtumsfasnet wird von Vereinen gepflegt, die sich Zünfte nennen. Hexen- und Teufelszünfte sind in der Überzahl, beliebt ist aber auch der lustige, spitzbübische Narr. Bei den Umzügen mit oft Tausenden von Maskenträgern sollten hübsche junge Mädchen am Straßenrand vor Verschleppungen auf der Hut sein, denn Käfige, Riesenkochtöpfe, hölzerne Pranger, leere Weinfässer und andere Foltergerätschaften werden nur zu diesem Zweck mitgeführt und wenig zimperlich genutzt.

Die alemannische Fasnet geht auf jahrhundertealte Bräuche zurück, mit denen der Winter vertrieben und die Obrigkeit verspottet wird. Am Aschermittwoch ist noch nicht alles vorbei, im Südschwarzwald folgt eine Woche später die *Buurefasnet,* bei der auf den Berggipfeln große Scheiterhaufen angezündet und brennende Holzscheiben ins Tal hinunter geschlagen werden. Ein Brauch, mit dem junge Burschen ihre Liebste grüßen.

GELBFÜSSLER

Schwaben und Badener pflegen liebevoll eine Feindschaft, die so recht niemand erklären kann. Sie werden staunen, über welchen Fundus an Schwabenwitzen jeder Badener verfügt. „Über Baden lacht die Sonne, über Schwaben die ganze Welt" ist nur einer der Sprüche, die davon Zeugnis ablegen. Die Grenze zwischen den „Volksgruppen" verläuft mitten durch den Schwarzwald: Die Schwaben leben in Württemberg, die Badender in Baden, so das landläufige Verständnis. Man erkennt seinen „Feind" am jeweiligen Dialekt, der von Geburt an stolz gepflegt wird und eine eindeutige Zuordnung erlaubt. Die Schwaben haben derweil folgende Lüge über die Badener in Welt gesetzt: Einst wollten sechs Schwaben und ein Badener eine Fuhre roher Eier über die Alb befördern. Der an diesem Transport beteiligte Badener wollte es besonders schlau anstellen, hat aber alles vermasselt. Er zerstampfte die Eier, um möglichst viele auf das Fuhrwerk zu bekommen. Von der unglücklichen Aktion bekam er eiergelb gefärbte Füße und wurde von den sechs Schwaben deshalb als „Gelbfüßler" verspottet, ein Name, der heute allen Badenern schmachvoll anhängt.

GRÜNER WALD

Mit ein bisschen Stolz können die Schwarzwälder behaupten, schon längst „grün" gewesen zu sein, bevor in Freiburg ein Grüner Oberbürgermeister und im Land ein weiterer sogar Ministerpräsident geworden war. Eine „Teilschuld" daran trägt – wie so oft – die Geschichte. Durch ihre Lage in dünn besiedelten Tälern waren die Schwarzwälder seit jeher gezwungen, sich in vielerlei Hinsicht selbst zu versorgen: Energie lieferte das Mühlrad im Bach, die Lebensmittel kamen – woher denn sonst? – aus eigenem Anbau oder vom Nachbarn. In jedem Fall aber schon immer aus der Region. Inzwischen ist viel passiert ringsum den Schwarzwald, so dass die Selbstversorgung mit Energie (siehe Stichwort „Energie" auf S. 18) und Lebensmittel aus regionaler Zucht und regionalem Anbau voll im Trend liegen. Darüber hinaus zählt z. B. Freiburg zu den „grünsten" Städten Deutschlands. Die Solarindustrie zahlt der Stadt reichlich Gewerbesteuer, man fährt viel Rad, bevorzugt Biokost vom Wochenmarkt und in Vierteln wie dem *Vauban* wird großer Wert auf ökologisch nachhaltiges Bauen gelegt. Dort rühmt man sich, mit dem „Sonnenschiff", in dem u. a. ein Bio-Supermarkt und das Öko-Institut *(www.oeko.de)* residieren, das „weltweit erste solare Dienstleistungszentrum in Plusenergie-Bauweise" zu haben *(www.sonnenschiff.de)*.

HEIMAT

... ist im Schwarzwald mittlerweile ein sehr moderner Begriff. Vorbei sind die Zeiten, als Heimatfilme und Operetten wie das „Schwarzwaldmädel" den Takt angaben, wenn es um Regionalpatriotismus ging. Ihre Heimat wissen die Schwarzwälder zu lieben, und so überführen sie Tradition und Geschichte in die Gegenwart. Wie zum Beispiel

FLÜSSIGE TANNENZÄPFLE

Es gibt ein Bier im Schwarzwald, das schäumt zwar auch nicht anders als andere, ist aber trotzdem aus einer anderen Welt: das Rothaus-Bier. Die über 200 Jahre alte badische Staatsbrauerei in Rothaus im Südschwarzwald braut Patriotismus – wer zu viel davon trinkt, der hat eine Landesfahne. Rothaus-Bier hat Kultcharakter, weil es die alte badische Herrlichkeit verkörpert. Natürlich schmeckt es auch gut, so gut, dass es ohne Fernsehwerbung und ohne Dosenabfüllung die einzige Brauerei in Baden-Württemberg mit seit Jahren konstanten Absatzsteigerungen ist. Die 0,33-l-Premium-Flasche heißt bei Rothaus „Tannenzäpfle". Das Schwarzwaldmädel auf dem Etikett der Rothaus-Flaschen nennt sich übrigens Birgit, weil sie es ist, die das „Bier gitt" (gibt). Rothaus-Bier ist im Schwarzwald allgegenwärtig, aber auch direkt an der Quelle zu testen: im *Brauereigasthaus Schwarzwaldhotel Rothaus (38 Zi. | Grafenhausen Rothaus, auf dem Brauereigelände | Tel. 07748 9 20 90 | www.schwarzwaldhotel-rothaus.de | €–€€)*.

der Baiersbronner Hotelier Hermann Bareiss, der nicht nur einen alten Bauernhof kaufte und ihn nach allen Künsten des Denkmalschutzes restaurierte *(www.morlokhof.de | S. 40)*, sondern sich auch für den Erhalt der bedrohten *Hinterwälder Rinder* einsetzte. Oder Alexander Stein und Christoph Keller, die in der Nähe von Freudenstadt als „Black Forest Distillers" Schwarzwald-Gin erzeugen – nach einer sehr alten Rezeptur *(www.monkey47.com)*. Auch den Strick-Omas von *Original-Schwarzwald* werden die dicken Socken via Internet regelrecht aus den Händen gerissen *(www.original-schwarzwald.de | S. 122)*. Eher differenziert setzt sich der Offenburger Künstler Stefan Strumbel mit seiner Heimat auseinander. Bei ihm treffen Kuckucksuhr und Pop-Art aufeinander, Kunstwerke wie ein vermummtes Schwarzwaldmädel mit Bollenhut, Palästinensertuch und Gewehr im Anschlag haben ihn aber weltberühmt gemacht *(www.stefanstrumbel.com)*.

„AMERIKA"

... ist übrigens eine Schwarzwälder Erfindung – zumindest dem Namen nach. Denn es war der Freiburger Kartograf Martin Waldseemüller (ca. 1470–1520), der dem Kontinent seinen Namen verlieh. Anfang des 16. Jhs. hatte er unter anderem nach den Reiseberichten des Italieners Amerigo Vespucci die erste Karte von der Neuen Welt gezeichnet. Und weil das neue Land noch keinen Namen hatte, taufte Waldseemüller es ganz eigenmächtig nach dem ihm bekannten Entdecker „America". Von Columbus sprach damals kein Mensch mehr. Bis vor 100 Jahren blieben sämtliche zu Waldseemüllers Zeiten gedruckten Karten verschollen. Und um die eine, die man 1910 gefunden hatte, feilschten Deutschland und die USA später rund 30 Jahre lang. 2007 überbrachte endlich Kanzlerin Angela Merkel persönlich das großformatige Kunstwerk, es soll 10 Mio. Dollar gekostet haben. Heute hängt es in der *Library of Congress* in Washington und kann besichtigt werden.

HORNBERGER SCHIESSEN

Anno 1564 erwarteten die Hornberger hohen Besuch: Der Herzog von Württemberg hatte sich zu einem Lokaltermin angesagt. Ganz Hornberg hatte sich schon frühmorgens herausgeputzt, das Salutkomitee stand bereit, nur der Herzog, der kam nicht. „Na, trinken wir erst mal einen", verfügte der Hornberger Bürgermeister, und damit die Zeit nicht lang werde, wurde der Empfang schon mal geübt. Eifrig wurde übungshalber Salut geschossen, bis das Hornberger Tal im Pulverdampf versank. Als der Herzog schließlich eintraf, war alles Pulver verschossen. Au weia, wie denn nun den Herzog gebührend empfangen? Hornbergs Schützenelite, vom Festbier ermutigt, fand eine gewagte Lösung. Böllerschüsse gab es keine, dafür riefen sie aus vollen Kehlen „Piff-Paff! Piff-Paff!" als der Herzog einritt. Seither steht das Hornberger Schießen für alle Großereignisse, die hoffnungslos in die Hose gehen. Und in Hornberg wird der berühmte Vorfall alljährlich als Freilichtstück nachgespielt.

KUCKUCKSUHR

Das Uhrmacherhandwerk im Schwarzwald war längst in Blüte, die eigentliche Schwarzwalduhr, die bemalte sogenannte Schilderuhr schon auf der ganzen Welt bekannt, da kreierte um

1730 ein Uhrmacher in Schönwald eine etwas verspielte Variante, die Kuckucksuhr. Die Vorderseite ist nicht bemalt, sondern geschnitzt. Den Kuckuck wählte der Uhrmacher als Stundenansager, weil sein Ruf sich besonders leicht mechanisch imitieren ließ. Mittlerweile werden aber auch im Schwarzwald Uhren verkauft, deren Zwitschern elektronisch erzeugt und zuweilen sogar noch mit Bachrauschen aufgepeppt wird. Viele dieser Modelle stammen aus Fernost und sind Touristennepp. Eine Original-Kuckucksuhr wird im Schwarzwald gefertigt und funktioniert ausschließlich mechanisch. Ob es sich um ein Original handelt, erkennen Sie am VdS-Siegel, das der *Verein die Schwarzwalduhr* vergibt *(www.black-forest.org)*.

MÜHLEN

Ungezählte kleine und große Klappermühlen stehen im Schwarzwald und sind oft noch in Betrieb. Sie schaufeln das Wasser seit dem 17. Jh. unermüdlich aus den Schwarzwaldbächen und spucken es in glitzernden Kaskaden fröhlich plätschernd wieder aus. Mit dieser Wasserkraft treiben sie Sägegatter, Mahlsteine und Funzellampen im Kuhstall an. Der Pfingstmontag ist zum *Mühlentag* ernannt worden; da werden überall im Schwarzwald die knarrenden Holztüren für interessiertes Publikum geöffnet.

SCHWARZWALDHAUS

Nichts erscheint so typisch für den Schwarzwald wie das Schwarzwaldhaus. Es ist ganz von der Natur der Region bestimmt, in Form und Baustoff, in seiner inneren Gliederung und in seiner Stellung in der Landschaft – ein Gesamtkunstwerk. Das typische Schwarzwaldhaus, ganz aus Holz, trotzt mit seinem mächtigen, 45 bis 50 Grad geneigten Dach Wind, Regen und Schnee. Mensch, Tier und Vorräte sind unter diesem Dach geborgen. Zur

Schwarzwälder Zeitvertreib: Uhrenträger im Simonswäldertal

Sonnenseite hin wohnt die Familie, oft drei oder vier Generationen unter einem Dach, Wand an Wand zum Kuhstall, der willkommener Wärmespeicher im Winter war. Früher war das Schwarzwaldhaus stroh- und schindelgedeckt, heute hat sich manche Sünde eingeschlichen. Auf den Giebelseiten zeigt das Dach eine abgeflachte Stirn, den Walm, auf der Wetterseite reicht es bis fast hinunter zum Erdboden. Überall im Schwarzwald können Sie solche uralten Höfe hautnah erleben, denn das Angebot für Ferien auf einem Bauernhof ist groß.

ESSEN & TRINKEN

Zwischen Käse- und Rösti-Schweizern im Süden, schwäbischen Maultaschenhelden im Osten und elsässischen Gourmets im Westen, hat sich der Schwarzwald zur kulinarischen Oase des Südwestens entwickelt. Das reichlich sternengekrönte Erfolgsrezept ist die Mischung der Küchen des Dreiländerecks.

Wie bei den Nachbarn folgt die Auswahl der Grundprodukte meist hohen qualitativen Ansprüchen. Frisch sollen sie sein, und so viel wie möglich kommt aus der Region, aus heimischer Produktion. Freilich gibt es auch hier ideenlose Tellerknechte, die sich damit begnügen, geschmacksneutrale Großmarktware aufzumotzen, und einen überladenen Teller schon als Ausweis besonderer Kochkunst ansehen. Machen Sie einen Bogen um

die siebenseitige Vom-Schwein-, Vom-Rind-, Vom-Kalb-Karte, und Sie haben schon viel Unheil vermieden.

Halten Sie zuerst Ausschau nach Bodenständigem. Sie erkennen es an den Wirtshausnamen: *Zum Ochsen, Zum Engel, Zum Löwen, Zum Adler, Zum Wilden Mann* – das sind Häuser, die meist Jahrhunderte auf dem Buckel haben und die von einheimischen Gästen leben. Die gutbürgerliche Küche des Schwarzwalds ist leicht fleisch- und kartoffellastig, solide, saisonal abgewandelt – achten Sie unbedingt auf Wild-, Lamm- und Fischspezialitäten –, aber immer dominiert von Produkten der Region.

Um genau solche macht sich die Köche- und Gastgebervereinigung der 🌼 *Naturparkwirte* verdient. Sie investieren in

Unterm Sternenhimmel: Im Schwarzwald schlemmen Gourmets genauso wie Freunde der schnörkellos-bodenständigen Küche

hochwertige Produkte aus der Gegend und tragen damit zum Erhalt regionaler Kulturlandschaften bei. Paradoxerweise waren es nämlich die Gastronomen, die sich massiv für den Erhalt zum Beispiel des heimischen *Hinterwälder Rinds* eingesetzt hatten, dessen Bestand einst stark gefährdet war. Achten Sie auf das Logo der Naturparkwirte, deren Verbund es zum einen im nördlichen und mittleren *(naturparkschwarzwald.de/regional/ naturpark-wirtegemeinschaft)*, zum anderen im Südschwarzwald gibt *(natur-*

park-suedschwarzwald.de/essen-trinken/ naturpark-wirte). Es steht verlässlich für hohe Kochkunst und verantwortungsbewussten Wareneinsatz.

Typisch für den Schwarzwald ist die Suppenliebe. Selbst Äpfel, Holunder und Petersilienwurzeln haben es zu Suppenwürde gebracht. Bevorzugt werden vielfach variierte Hühner- und Rinderkraftbrühen mit Flädle, das sind Pfannkuchenstreifen, Nudeln oder anderen Teigwaren veredelt. Auch die Gemüsesuppen sind köstlich: aus Kartoffeln, Spargel, Rüben, Lauch, Erbsen,

SPEZIALITÄTEN

▶ **Badischer Sauerbraten** – Rindfleisch, drei Tage in Rotwein und Essig eingelegt, dann im Topf angebraten und geschmort (Foto re.)

▶ **Bibeleskäs** – aus Rohmilch, angemacht mit Kräutern und Zwiebeln. Wird vorzugsweise mit Pellkartoffeln serviert

▶ **Brägele** – gepellte Kartoffeln klein geschnitten und in heißem Schmalz in der Pfanne knusprig gebraten. Speck und Zwiebeln rösten mit

▶ **Dummis** – Pfannkuchen aus Mehl, Milch und Eiern, in der Pfanne in kleine Stücke geschnitten oder gehackt

▶ **Kracherle** – geröstete Brot- und Speckwürfel, meist als Beigabe im Salat

▶ **Ochsenfleisch** – gekochtes Rindfleisch. Mit Meerrettichsoße und Salzkartoffeln eine badische Spezialität

▶ **Riebelesuppe** – Fleischbrühe mit Einlage aus einem Mehl-Eier-Teig, der so lange zwischen den Handflächen gerieben wird, bis Brösel entstehen

▶ **Saueressen (Suuressen)** – Kutteln (Rindermagen), Schweinsfüße, Rindfleisch und Hammel gemeinsam angeröstet, in Mehlsuppe aufgekocht, mit Rotwein und/oder Essig abgeschmeckt

▶ **Schäufele** – gepökelte, geräucherte und dann in Wasser gekochte Schweineschulter, mit Kartoffelsalat serviert

▶ **Schlachtplatte** – Blut- und Leberwurst, Kesselfleisch, Kartoffelbrei und Kraut. Eine Herbstspezialität

▶ **Schwarzwälder Kirschtorte** – große Sahnetorte mit mehreren Biskuitböden, die mit Kirschmasse bestrichen und mit Kirschwasser getränkt sind (Foto li.)

▶ **Stockfisch** – in gesalzenem Wasser gezogener Trockenfisch, mit Sauerkraut serviert. Wird am Aschermittwoch gegessen

▶ **Strieble** – Mehlteig, der (über einen Trichter) in heißes Fett getropft wird, goldgelb gebacken, mit Puderzucker oder Zimt bestreut

Tomaten. Verzichten Sie bei Tagesmenüs auf die Suppe, verpassen Sie etwas. Den Schwarzwald erkennen Sie auch am allgegenwärtigen Vesper. Hier wird immer gevespert: früh am Morgen, nachmittags, am späten Abend. Von der Bauernwirtschaft bis zum Gourmetrestaurant, alle führen in Konkurrenz zur Speisekarte die eigenständige Vesperkarte. Die Köche beweisen ihre hohe Kunst bei badischen und elsässischen Wurstsalatvariationen. Auch der Käse ist nicht zu verachten, der auf den Schwarzwälder „Almen" reift. Etwa die *Naturpark-Käseroute* führt Sie zu 18 Höfen im Südschwarzwald, wo die Käserei – vom Bibeleskäs bis zum Bergkäse – noch eine Herzensangelegenheit ist *(naturpark-kaeseroute.de)*. Das Flaggschiff der Vesperkarten ist und bleibt aber das berühmte Speckvesper. Es besteht aus Bauernbrot, Bauch- und Schinkenspeck, Leber- und Schwarzwurst sowie rohen Zwiebeln. Bei Preisen zwischen 5 und 9 Euro liegen Sie richtig, alles darüber ist Nepp.

Günstigere Angebote finden Sie in vielen Straußenwirtschaften. Das sind nur zeitweise geöffnete Wirtschaften, von Landwirten oder Winzern betrieben, um die eigenen Produkte zu verkaufen. Früher hingen Besen oder Blumensträuße am Haus, die anzeigten, dass die Wirtschaft geöffnet ist. Daher der Begriff „Straußen-" oder „Besenwirtschaft". Ein Verzeichnis der wichtigsten liegt an allen Tankstellen im Schwarzwald aus. Zum Vesper gehört das Schwarzwälder Bauernbrot. Es ist für seine knusprige Kruste und den herzhaften Teig bekannt. Mancherorts backen es die Bauern noch im Holzofen und bieten es direkt ab Hof zum Verkauf an.

Regionale Spezialitäten entdecken Sie am ehesten auf Kirchweihfesten, während der Schlachtzeit im Herbst, auf Weihnachtsmärkten, Weinfesten und an kirchlichen Feiertagen.

Die alte Brautradition meist klösterlicher Ursprünge hat dem Schwarzwald kräftige, geschmackvolle Biere aus Alpirsbach, Rothaus und Fürstenberg beschert. Daneben haben viele kleine Familienbrauereien überlebt. Es lohnt sich, bei der Getränkeauswahl darauf zu achten.

Der Schwarzwald ist im eigentlichen Sinne keine Weingegend, angebaut wird nur in einigen Tälern der Vorbergzone. Er ist aber wegen seiner Nähe zu den Rebhängen am Oberrhein trotzdem ein Weinparadies. Die badischen Kabinettweine sind ideale Begleiter zu nahezu allen Speisen, sie gehören zu den leichtesten der Welt. Etwas runder ist der Gutedel aus dem Markgräflerland, ein angenehmer Tischwein. Noch gehaltvoller präsentiert sich der Weißburgunder vom Kaiserstuhl. Die Rieslinge aus Dur-

Eher geist- als vitaminreich: Obstler

bach und Oberkirch sind gute Gefährten bei allen Anlässen. Der Ortenauer Spätburgunder passt zu Wildgerichten. Kultcharakter hat der Grauburgunder vom Kaiserstuhl.

Die Verdauung befördern Obstler (aus Birnen und Äpfeln) und Hefeschnaps; sie werden an Werktagen getrunken. Edles Kirschwasser und auch Zwetschgenwasser sind eher Feiertagsschnäpse. Den Most aus Äpfeln und Birnen trinkt man als Süßmost „neuer Süßer" im Herbst, danach vergoren als leicht säuerlichen Obstwein.

EINKAUFEN

In Zeiten der Outletcenter und Filialkettenkultur wird es auch im Schwarzwald zunehmend schwieriger, echte einheimische Spezialitäten zu finden. Bei Produkten aus dem Handwerk und der Landwirtschaft liegen Sie aber meistens richtig.

ANTIQUITÄTEN

Wer aufmerksam ist, macht oft die besten Geschäfte: Achten Sie bei der Fahrt über die Dörfer des Schwarzwalds besonders auf handgezimmerte Hinweisschilder „Antiquitäten" am Straßenrand. Dann landen Sie oft in einem alten Bauernhof oder in einer Hinterhofwerkstatt, wo Sie von Urgroßmutters Stickereien über die Fahne der badischen Freischärler bis hin zum Vorkriegs-Röhrenradio aus dem Villinger Saba-Werk die unglaublichsten Dinge finden.

EINKAUFSSTÄDTE

Über das rein Touristische hinaus ist der Schwarzwald nicht unbedingt für einen echten Shoppingurlaub geeignet – abgesehen von einigen Städten. Eine schöne Einkaufs- und Bummelstadt ist Freiburg mit der Fußgängerzone in der historischen Altstadt. Auch Emmendingen und Offenburg bieten Ihnen attraktive Fußgängerzonen. Baden-Baden allerdings setzt mit seinen Edelboutiquen und Juwelieren einen gut gefüllten Geldbeutel voraus.

KUNSTHANDWERK

Die Tradition der Holzschnitzer, Glasbläser und Strohflechter hat im Schwarzwald eine recht beachtliche Kunsthandwerksszene hinterlassen. Strohschuhe und Strohhüte, geflochtene Weidenkörbe, Holzschnitzereien, Weihnachtskrippen und mundgeblasene Glasprodukte findet man an allen touristischen Zielen des Schwarzwalds. Wenn die Glasbläserei, die Schnitzerwerkstatt oder die Korbmacherei direkt bei der Verkaufsstelle ist und man den Meistern bei der Arbeit über die Schulter schauen kann, erhält man garantiert handgefertigte Ware.

LEBENSMITTEL

Für die heimischen Spezialitäten empfiehlt sich der Besuch von Wochenmärkten oder gleich der Einkauf an der Quelle, nämlich direkt auf dem Bauernhof. Viele Landwirte haben den Hofverkauf als zu-

Speck, Schnaps und Schilderuhren: Seien Sie wählerisch und setzen Sie auf Produkte aus Handwerk und Landwirtschaft

sätzliche Einnahmequelle entdeckt und bieten Selbstgemachtes: Speck, Schinken, Würste, Eier, Butter, Bauernbrot, Marmeladen, Milch und Honig.

SCHMUCK

Die Schmuck- und Edelsteinstadt des Schwarzwalds ist Pforzheim. In der „Goldstadt" bieten zahlreiche Juweliere und Werkstätten ihre Preziosen an, es gibt dort aber auch regelmäßige Schmuckmessen, Auktionen oder Dauerverkaufsausstellungen. Das Einkaufszentrum „Schmuckwelten" *(Mo–Sa 10–19, So 11–18 Uhr | Eintritt 8 Euro | www.schmuckwelten.de)* bietet auf insgesamt 4000 m² ein europaweit einmaliges Einkaufserlebnis für Uhren- und Schmuckliebhaber.

SCHNÄPSE

Die zahlreichen Kleinbrenner in der Ortenau (Nordschwarzwald), im Kinzigtal (Mittelschwarzwald) und im Markgräflerland (Südschwarzwald) bieten Selbstgebranntes gleich im Hausverkauf. Außer dem berühmten Schwarzwälder Kirschwasser sind dies vor allem Zwetschgen- und Birnenschnäpse, Obstler (aus Apfel und Birnen), Weinhefeschnäpse und Edelbrände wie Himbeergeist oder Zibärtle (Wildpflaume).

UHREN

Die echte Schwarzwälder Schilderuhr wird noch immer in kleinen Werkstätten hergestellt, ist aber, da das Uhrenschild handbemalt wird, ein sehr teures (ab 250 Euro) Mitbringsel. An historische Uhren kommen Sie nur über Privatkontakte oder mit ganz viel Glück auf Tausch- und Sammlerbörsen heran. Moderne Kuckucksuhren in allen Größen und Ausstattungsvarianten kaufen Sie im Schwarzwald in jedem Andenkenladen, 20 Euro kosten die Kleinsten, über 1000 Euro die Größten.

DIE PERFEKTE ROUTE

GIPFEL-HOPPING DURCH DEN NORDSCHWARZWALD

Seine mondäne Seite zeigt der Schwarzwald in ① *Baden-Baden* → S. 32, dessen Casino (Foto o.), Badelandschaft und Museumsmeile weltberühmt sind. Von dort schlängelt sich die *Schwarzwaldhochstraße* (B 500) auf die Höhen – ein Traum für Biker und Cabriofahrer, zwischen den Bäumen blitzt immer wieder die grandiose Aussicht auf das Rheintal durch. Es geht vorbei am sagenumwobenen *Mummelsee* und der ② *Hornisgrinde* → S. 100, höchster Gipfel des Nordschwarzwalds.

AUF ZU DEN SCHLEMMER-STERNEN

Genießer biegen in Richtung ③ *Baiersbronn* → S. 40 ab (L 401), Deutschlands von reichlich Michelin-Sternen überwölbtes Feinschmeckerparadies. Wer auf der Schwarzwaldhochstraße bleibt, erreicht bald den ④ *Lothar-Pfad* → S. 43, um sich ausgiebig die Füße zu vertreten. Wegen des 1999er-Orkans pfeift der Wind hier oben ungestört über die Höhen! An der *Alexanderschanze* wird die B 28 zur *Schwarzwaldhochstraße,* die in ⑤ *Freudenstadt* → S. 43 endet, wo Sie auf Deutschlands größtem Marktplatz sitzen und die süßen Kreationen der ansässigen Konditoren kosten.

BIERCHEN FÜR BEIFAHRER

Über die B 294 geht es weiter nach ⑥ *Alpirsbach* → S. 45; spendieren Sie Ihren Beifahrern doch mal ein Frischgezapftes aus der Klosterbrauerei. Wer dabei über die Stränge geschlagen hat, könnte seine Sünden in der sehenswerten, 900 Jahre alten Klosterkirche nebenan beichten – wenn es nicht eine evangelische wäre …

PÄUSCHEN FÜR DEN GASFUSS

Danach genießen sportlich ambitionierte Fahrer den kurvenreichen Weg an der Kinzig entlang über ⑦ *Wolfach* → S. 57, wo Sie sich in der *Dorotheenhütte* ihr eigenes Glas-Souvenir blasen dürfen, nach ⑧ *Hausach* → S. 54. Hier sollten Sie Ihrem Wagen mal eine Pause gönnen und einen Ausflug mit der Bahn unternehmen: über Gutach und Hornberg bummeln Sie nach ⑨ *Triberg* → S. 66, 103 auf einer der schönsten Eisenbahnstrecken Deutschlands.

DIE GUTE ALTE ZEIT

Wer das Auto nach Triberg nimmt, passiert den *Vogtsbauernhof* in ⑩ *Gutach* → S. 53 – mit seinen alten Höfen und Handwerksvorführungen

Erleben Sie die vielfältigen Facetten des Schwarzwalds von Baden-Baden im Norden über die Höhen bis nach Freiburg im Süden

ein Muss für Nostalgiker! In Triberg sind natürlich die ⑪ *Wasserfälle* → S. 66 und die größte Kuckucksuhr der Welt in ⑫ *Schonach* → S. 66 Pflicht. Auf dem südlichen Teilstück der *Schwarzwald-Panorama-Straße* B 500 geht's über Berg und Tal nach ⑬ *Furtwangen* → S. 84, wo Sie das *Deutsche Uhrenmuseum* erwartet.

SCHÖNSTE STRASSE

Folgen Sie der B 500 bis Hinterzarten über die schönste Straße der Region. Weit reicht der Blick zwischen grünen Hügeln hindurch, auf denen friedlich die Schwarzwaldkühe weiden. Unterwegs biegt am Thurner die L 128 nach ⑭ *St. Märgen* → S. 96 und ⑮ *St. Peter* → S. 97 ab – die Schleife lohnt sich! Des Weiteren führt der Weg von hier nach Freiburg durchs idyllische ⑯ *Glottertal* → S. 73. Motorradfahrer, die sich auskennen, biegen hier oft schon ab – sie wissen warum.

AUFS „DACH"

In Hinterzarten bietet sich ein Abstecher an, um das Auto gegen ein Tretboot einzutauschen: in ⑰ *Titisee-Neustadt* → S. 87. Nicht weit von hier erhebt sich der ⑱ *Feldberg* → S. 93, das „Dach des Schwarzwalds" (Foto u.). Hier oben gilt: Wer nicht über den *Feldberg-Steig* gewandert ist, hat den Schwarzwald nicht gesehen.

DURCHS HÖLLENTAL

Die perfekte Route biegt derweil von der B 500 nach rechts auf die B 31 ab, die durch das *Höllental* mit seinem *Hirschsprung* nach ⑲ *Freiburg* → S. 68 führt. Dort können Sie schließlich zur Abwechslung mal in der Vertikalen reisen – indem Sie das Münster erklimmen, den schönsten Turm der Christenheit.

180 km. Empfohlene Reisedauer (mit Abstechern): 5 (7) Tage. Detaillierter Routenverlauf auf dem hinteren Umschlag, im Reiseatlas sowie in der Faltkarte

NÖRDLICHER SCHWARZWALD

Die Eingangstore in diesen ruhigsten Teil des Schwarzwalds sind Baden-Baden, Pforzheim und Freudenstadt. Drei Städte, in denen es glitzert: in Baden-Baden vom Geld der High Society, in Pforzheim vom Gold und Silber der Schmuckindustrie und in Freudenstadt von Eis und Schnee im Winter.

Noch Anfang des 20. Jhs. waren die Höhenzüge des Nordschwarzwalds nahezu unerschlossen, und bis heute herrscht in manchem Winkel noch die Einsamkeit früherer Jahrhunderte. Flößer, Holzfäller und Schwarzwaldbauern waren hier lange unter sich. Sie siedelten in der Nähe der Klöster, die auf den Höhen seit Urzeiten Wache halten. In den engen Tälern schmiegen sich mittelalterliche Siedlungen an die Berghänge. Auf den Hochflächen wurde im Lauf der Zeit raubbauartig Wald gerodet. Aus den einstigen Holzfäller- und Bauerndörfern auf diesen Hochflächen sind heute viele kleine Weiler von karger Schönheit geworden.

BADEN-BADEN

KARTE IM HINTEREN UMSCHLAG (126 B4) *(E3)* **Klingt abgedroschen, bleibt aber wahr: Baden-Baden (55 000 Ew.) bedeutet Geld, Noblesse, etwas Dekadenz und internationales Publikum.**

Ein Monaco am Rhein, prunkvoll erbaut, mit barocken Villen, kleinen Schlössern,

Bild: Caracalla-Therme in Baden-Baden

Heiße Quellen, kühle Wälder: Mondän und gesund leben Kurgäste im Dreieck Baden-Baden, Pforzheim und Freudenstadt

CITY **WOHIN ZUERST?**

Goetheplatz: Kurhaus, Trinkhalle, die Lichtentaler Allee und das Einkaufsviertel – alles ist in unmittelbarer Nähe. Auch die berühmten Bäder. Nur einen Katzensprung entfernt liegt die Busstation Leopoldsplatz, die die City mit dem Bahnhof verbindet. Autofahrer steuern die innerstädtischen Parkhäuser (Festspielhaus- oder Kurparkgarage) an.

mit eleganten Geschäften, opulenten Alleen und Parks. Vom alten Glanz mag manches abgebröckelt sein, aber dass es hier auf 10 000 Einwohner immer noch die meisten Millionäre bundesweit gibt, kann nicht nur am Spielkasino liegen.

SEHENSWERTES

MUSEUMSMEILE

In der Lichtentaler Allee reihen sich die vier größten Museen der Stadt aneinander. Der Innenstadt am nächsten liegt das Kulturzentrum *LA8* mit dem *Museum für Kunst und Technik des 19. Jahrhunderts*. Wechselnde Ausstellungen zum Themenkreis, der dem Museum seinen Namen gab *(Di–So 11–18 Uhr | Eintritt 7 Euro | www.museum.la8.de)*. Gleich nebenan finden Sie die *Staatliche Kunsthalle* in ihrem sehenswerten Bau von 1908 mit zeitgenössischer Kunst *(Di–So 10–18 Uhr | Eintritt 5 Euro | www.*

Innen wie außen nur Modernes:
Museum Frieder Burda

kunsthalle-baden-baden.de). Über eine gläserne Brücke ist die Kunsthalle mit dem *Museum Frieder Burda* verbunden, dessen Sammlung sich auf Gegenwartskunst und klassische Moderne konzentriert *(Di–So 10–18 Uhr | Eintritt 10 Euro | www.sammlung-frieder-burda.de)*. Baden-Baden von den Römern bis heute zeigt das *Stadtmuseum (Di–So 10–18 Uhr | Eintritt 4 Euro | www.stadtmuseum-baden-baden.de)*.

ROSENNEUHEITENGARTEN BEUTIG

Im Sommer werden hier die schönsten Rosen der Züchter prämiert. Betörend ist auch der Rest des Gartens, in dem die Rosen über zahlreiche Bögen fluten und der Hügel in duftender Blüte steht. *Mitte März–Mitte Okt. tgl. 9 Uhr bis zum Einbruch der Dunkelheit | Eintritt 1 Euro | Moltkestr.*

ESSEN & TRINKEN

MOLKENKUR

Traditionswirtshaus, schon von Kaiserin Sisi besucht. Idyllisch am Stadtrand, ambitionierte Küche und schöner Lounge-Bereich mit großem, offenem Kamin im ersten Stock. *Quettigstr. 19 | Tel. 07221 3 32 57 | www.molkenkur-baden-baden.de | €€*

INSIDER TIPP LA PROVENCE

Wie der Name schon sagt: Hier tischt man Ihnen feine provenzalische Bistroküche auf, besonders empfehlenswert sind Fischsuppe und die anderen Fischspezialitäten. Zum Schluss den *fromage* nicht vergessen! Platz genommen wird in einem von mächtigen Rundbögen gekrönten Saal. *tgl. | Schloßstr. 20 | Tel. 07221 2 55 50 | www.r-lp.com | €€*

RIVE GAUCHE

Restaurant im Kulturzentrum *LA8*, das den städtischen Belle-Epoque-Charme modern interpretiert. Kleine Karte mit Steaks, Salaten und Sandwichs. *Di–So 10–19 Uhr | Lichtentaler Allee 8 | Tel. 07221 9 00 99 00 | www.la8-restaurant.de | €€*

STAHLBAD

Badisch-französische Edelküche in einem Ambiente wie bei Großmuttern, Fischspezialitäten und hervorragende Weinkarte. *Mo geschl. | Augustaplatz 2 | Tel. 07221 2 45 69 | www.stahlbad.com | €€€*

EINKAUFEN

Ein Einkaufsbummel in der Fußgängerzone (Lange Str. und Gernsbacher Str.) kann teuer werden. Die Juweliere bieten Erlesenes. Die Kollektionen der Boutiquen sind ebenso elegant wie die Preise horrend. Ein Schaufensterbummel macht wegen der exklusiven Auslagen auf dem Weg vom Leopoldplatz zum Kurhaus besonders viel Spaß. Süßmäuler schauen in der *Confiserie Rumpelmayer* in der Kaiserallee 1a *(Kurhaus Kolonaden)* vorbei, die berühmt ist für ihre Trüffel und Butterstreusel.

FREIZEIT & SPORT

CARACALLA-THERME ⭐

Moderne Badelandschaft auf über 900 m², Whirlpools, Innen- und Außenbecken, Luftsprudel, Wasserfälle, Saunalandschaft und Aromadampfbad, Kinderbecken mit Betreuung. *tgl. 8–22 Uhr | Eintritt ab 14 Euro | www.carasana.de*

FRIEDRICHSBAD ●

Römisch-irisches Thermalbad am Marktplatz. Einzigartige Kombination aus Heißluft-, Thermaldampf- und Thermalbewegungsbad. Nach dem Besuch des Nacktbads sagte Mark Twain einst: „Hier vergessen Sie nach zehn Minuten die Zeit und nach 20 Minuten die Welt". *tgl. 9–22 Uhr (Mo, Do und Sa nicht gemischt) | Eintritt 23 Euro | www.carasana.de*

AM ABEND

CASINO ⭐

Dies ist die älteste Spielbank Deutschlands (seit 1838), mit prunkvollen Sälen in Marmor, Gold und Seide und der Atmosphäre der Belle Epoque. Roulette, Black Jack, Bakkarat und Poker heißen die Glücksspiele. Herren brauchen Jackett und Krawatte, alle einen gültigen Ausweis, um eingelassen zu werden (Mindestalter 21 Jahre). Der Mindesteinsatz im Casino beträgt 2 Euro. *So–Do 14–2, Fr/Sa 14–3 Uhr | Eintritt 5 Euro | Führungen vor Spielbetrieb April–Okt. 9.30–12, Nov.–März 10–12 Uhr | Eintritt 5 Euro | www.casino-baden-baden.de*

EQUIPAGE

In diesem eleganten Nachtclub spielt an sechs Abenden in der Woche eine **INSIDER TIPP** Liveband. Die 3-Liter-Flasche Champagner kostet fast 400 Euro, die Auswahl in der Cocktail-Karte präsentiert sich erschwinglicher (durchweg 12 Euro). *Di–So 21–4 Uhr | Eintritt frei | Im Kurhaus | www.equipage-baden-baden.de*

⭐ **Caracalla-Therme**
In Baden-Baden sprudelt Heilwasser im Whirlpool → S. 35

⭐ **Casino**
Seite an Seite mit den Reichen und Schönen in Baden-Baden → S. 35

⭐ **Skiarena Schwarzwald-Hochstraße**
Langlauf und Rodeln auch unter Flutlicht → S. 42

⭐ **Altensteig**
Die schönste Stadt des Nordschwarzwalds → S. 45

⭐ **Bad Wildbad**
Feudal – thermal – international → S. 48

⭐ **Benediktinerkloster Hirsau**
Von hier aus wurde der Schwarzwald erschlossen → S. 49

MARCO POLO HIGHLIGHTS

FESTSPIELHAUS

Avantgardistische Architektur mit Anleihen bei der Belle Epoque kennzeichnen dies mit 2500 Plätzen zweitgrößte Konzerthaus Europas. *Führungen Mo–Fr 11, Sa und So 14 Uhr, 7 Euro | Beim Alten Bahnhof 2 | Programminfos/Karten: Tel. 07221 3013101 und 07221 3013211 | www.festspielhaus.de*

LEO'S

Cafébar, Musikpub in der Stadtmitte. Lebhafter Treffpunkt vor und nach dem Ausgehen, gut zum Leuteboobachten, kleine Karte. *So–Do 10–1, Fr und Sa 10–2 Uhr | Luisenstr. 8–10 | www.leos-baden-baden.de*

MEDICI

Sushi um Mitternacht, exotische Cocktails, seltene Spirituosen, Zigarrenlounge, alles in exklusiver Umgebung, häufig Promigäste, bei entsprechend exklusiven Preisen. *tgl. ab 18 Uhr | Augustaplatz 8 | www.medici.de | €€€*

STADTTHEATER

Prunkvolles Haus am Goetheplatz, im Stil der Pariser Opéra Garnier um 1860 erbaut. Festes Ensemble, zeitgenössisches Programm. *Goetheplatz 1 | Tel. 07221 93 27 00 | www.theater-baden-baden.de*

ÜBERNACHTEN

BRENNER'S PARK-HOTEL & SPA

Grandhotel mit zwei erstklassigen Restaurants, im Stil der Belle Epoque elegant eingerichteten Zimmern und erstklassiger Spaabteilung. *100 Zi. | Schillerstr. 4–6 | Tel. 07221 90 00 | www.brenners.com | €€€*

HOTEL MERKUR

Zentral gelegenes, modern eingerichtetes Haus, das besonders für sein üppiges Frühstückbuffet bekannt ist. Die Preise sind für Baden-Badener Verhältnisse auffallend moderat. *32 Zi. | Merkurstr. 8 | Tel. 07221 30 30 | www.hotel-merkur.com | €€*

`INSIDER TIPP` ▶ ROMANTIKHOTEL DER KLEINE PRINZ

Das Haus ist nach Motiven des Buches „Der kleine Prinz" von Antoine de Saint-Exupéry dekoriert. *40 Zi. | Lichtentaler Str. 36 | Tel. 07221 34 66 00 | www.derkleineprinz.de | €€€*

AUSKUNFT

BADEN-BADEN KUR UND TOURISMUS GMBH

Kaiserallee 3 (Trinkhalle) | Tel. 07221 27 52 00 | www.baden-baden.de

ZIELE IN DER UMGEBUNG

ALTES SCHLOSS (126 B4) (*Ø E3*)

Vom Kurgarten in Baden-Baden sehen Sie bereits oberhalb der Stadt am Berghang die Ruine der alten Burg Hohenbaden. Ein Fußweg führt hinauf. Der Schlossberg *Battertfelsen* ist mit bis zu 60 m hohen Felstürmen ein beliebtes Kletterparadies, auch mit Klettergarten für Anfänger. Vom ☀ Turm bietet sich ein prächtiger Rundblick auf die Stadt und die Rheinebene. Mit Restaurant *(Mo–Sa 10–22, So 10–20 Uhr | Alter Schlossweg 10 | Tel. 07221 2 69 48 | www.schloss-hohenbaden.de | €€). 3 km von Baden-Baden*

BAD HERRENALB (127 D3) (*Ø F3*)

Das berühmte Heilbad (7500 Ew.) liegt klimatisch begünstigt und idyllisch im Schnittpunkt von sieben kleinen Tälern. Attraktionen sind das grandiose Thermalbadzentrum und das von herrschaftlichen Villen geprägte Jugendstilambiente der gesamten Stadt. Vom ehemaligen  *Kloster Herrenalb* oberhalb der Stadt mit toller Aussicht sind Reste zu besichtigen.

Der *Quellenerlebnispfad* bis zur *Plotzsägemühle (3 km)* ist schon lange zum Klassiker unter den nahen Ausflugszielen geworden. Brechen Sie im Zentrum auf und folgen Sie der Beschilderung. Tauchen Sie in den Wald ein, folgen Sie dem Rauschen des Wassers über Märchenwiesen und vorbei an urzeitlichen Felsen bis zur abgelegenen Plotzsägemühle. Die erste Mühle an Ort und Stelle entstand bereits im 13. Jh., Ende des 17. Jhs. wurde sie renoviert und in ihren heutigen Zustand versetzt. Besichtigung nach Absprache mit dem Wirt des benachbarten Gasthauses *Plotzsägmühl (April–Mitte Okt. tgl., vorheriger Anruf ist dennoch empfehlenswert | Tel. 0162 7702022 | www.plotzsaegmuehl.de | €).*

Die *Siebentäler Therme (tgl. 9–22 Uhr | Eintritt ab 7,50 Euro | Schweizer Wiese 9 | www.siebentaelertherme.de)* bietet alle 14 Tage (Termine auf der Homepage) Baden mit klassischer Musik bis 24 Uhr und als exklusive Besonderheit jeden Abend ab 18 Uhr das sogenannte ● **INSIDER TIPP** Klangbaden mit Über- und Unterwassermusik.

BÜHLERHÖHE (126 B5) (*m E4*)

Das traditionsreiche Luxushotel *Bühlerhöhe* ist seit Herbst 2010 geschlossen und wird renoviert. Termin für die Wiedereröffnung zu Redaktionsschluss: Juli 2013. Weitere Informationen unter *Tel. 07226 550 (Mo–Fr 9–16 Uhr)* und *www.buehlerhoehe.de. 14 km von Baden-Baden*

BÜHLERTAL (126 A–B4) (*m E3–4*)

Von Bühl (29500 Ew.), der Zwetschgenstadt, zieht sich das malerische Bühlertal mit seinen Obstplantagen und den Weinbergen südlich von Baden-Baden in langen Winkeln und Bögen bis weit hinauf zur Hornisgrinde, dem mit 1164 m höchsten Gipfel des Nordschwarzwalds. Ein schönes Ausflugsziel sind die *Gertelbach-Wasserfälle* mit 70 m tiefen Kaskaden, die in einem Serpentinenrundweg (5 km) gut erschlossen sind. Einkehr lohnt

Wunderschön zum Schauen und Hören: Gertelbach-Wasserfälle im Bühlertal

dabei im *Waldgasthaus Kohlbergwiese* *(Mo geschl., Di erst ab 16 Uhr geöffnet, Winterpause beachten | Tel. 07226 2 50 | www.waldgasthaus-kohlbergwiese.de | €)*, bei dem sich ein toller Kinderspielplatz befindet.

Das *Affental* im unteren Bühlertal mit dem gleichnamigen Weinort sollten Sie wegen des **INSIDER TIPP** „Affentaler Spätburgunders" besuchen. Die Flasche erkennen Sie an einem kupferfarbenen Affen, der auf dem Etikett klebt. *15 km von Baden-Baden*

DOBEL (127 D3) *(m G3)*

Dieses recht abgelegene Dorf (2300 Ew.) auf der Hochfläche über Bad Herrenalb ist von malerischen Wäldern umgeben. Hier genießen Sie Naturerlebnisse und das heilklimatische Höhenklima ohne großes touristisches Spektakel. Prominentestes Haus am Ort ist das 500 Jahre alte *Hotel Rössle (22 Zi. | Johann-Peter-Hebel-Str. | Tel. 07083 9 25 30 | www.roessle-dobel.de | €)*, in dem schon anno 1799 der bekannte alemannische Dichter Johan Peter Hebel logierte. *29 km von Baden-Baden*

EBERSTEINBURG (126 B3) *(m E–F3)*

Oberhalb der Ortschaft Eberschaft an der Nordseite des Bergs Battert thront die gleichnamige Ruine. Vom gut erhaltenen, begehbaren ☼ Turm reicht der Blick weit ins Rheintal und über die Schwarzwaldhöhen. Bei der Burg lädt das Restaurant *Burg Alteberstein* zur Einkehr. Im Sommer können Sie auch im Freien, im Schatten der mächtigen Burgmauern Platz nehmen und unter anderem hausgemachte Spätzle und Maultaschen genießen. Geschmackvoll eingerichtete Ferienwohnung *(Mo und Jan./Feb. geschl. | Tel. 07221 2 88 99 | www.alt-eberstein.de | €–€€). 7 km von Baden-Baden*

FORBACH (126 C5) *(m F4)*

Idyllisch gelegener Ort (5300 Ew.) im Murgtal. Hier steht die größte freitragende Holzbrücke Europas. 40 m lang überspannt sie die Murg. Nördlich von Forbach ragen drei verwitterte Granitfelsen etwa 150 m hoch über dem Murgtal auf. Es sind die *Giersteine*, die im Dritten Reich als Völkisches Denkmal verherrlicht wurden. Hintergrund ist ihr angeblich germanischer Ursprung. *20 km von Baden-Baden*

GERNSBACH (126 C4) *(m F3)*

Einst war Gernsbach (14 400 Ew.) ein Zentrum der Schwarzwaldflößerei. Aus der Blütezeit sind gut erhalten die *Jakobskirche* (1467–71), *Liebfrauenkirche* (1380–90) und das *Rathaus* (17. Jh.). Die „Perle des Murgtals" beherbergt die einzige Papiermacherschule Deutschlands *(www.papierzentrum.org)*.

Oberhalb der Stadt lockt mit schöner Aussicht und erstklassiger Küche im prachtvollen Schloss Eberstein ☼ *Werners Restaurant (Mo, Di und Sa-Mittag geschl.) | Tel. 07224 9 95 95 00 | www.schlosseberstein.com | €€€)* oder die *Schloss-Schänke (tgl. | €€)*. In einem der 16 Hotelzimmer des Hauses können Sie sich nach Genuss der Schlossküchen-Leckereien elegant zur Ruhe betten *(€€€). 12 km von Baden-Baden*

GEROLDSAUER WASSERFÄLLE (126 B4) *(m E3)*

Das romantische Grobbachtal südlich von Baden-Baden führt ab Geroldsau nach stressfreiem halbstündigen Fußweg zu den Kaskaden der Geroldsauer Wasserfälle. Der Besuch lohnt vor allem im Frühjahr zur Schneeschmelze. 200 m oberhalb der Wasserfälle ist die Waldgaststätte *Bütthof (Mai–Okt Di–Sa ab 11, So ab 10, Nov.–April Di–Fr ab 15, Sa ab 11, So ab 10 Uhr | Tel. 07221 7 37 47 |*

www.buetthof.de | €) ein beliebtes Ausflugsziel. Zwei Gästen wird gerne auch ein **INSIDER TIPP** Fleischfondue serviert. *7 km von Baden-Baden*

MARXZELL (127 D3) *(∅ F2)*

Diesen kleinen Ort (5400 Ew.), der versteckt in den nördlichsten Ausläufern des Schwarzwalds liegt, sollten Sie wegen seines kruschelig-liebenswerten **INSIDER TIPP** Fahrzeugmuseums *(tgl. 14–17 Uhr | Eintritt 5 Euro | www.fahrzeugmuseum-marxzell.de)* besuchen. In einem alten Sägewerk in der Ortsmitte sind über 100 historische Autos und 150 Motorräder ausgestellt, außerdem alte Lokomotiven, Traktoren und Feuerwehrautos. *28 km von Baden-Baden*

MERKURBERGBAHN
(126 B–C4) *(∅ E–F3)*

Landschaftliches Wahrzeichen Baden-Badens ist der Hausberg Merkur (668 m). Vom Bahnhof Merkurwald führt eine der längsten Standseilbahnen Europas zur Gipfelstation *(tgl. 10–22 Uhr | Fahrpreis Berg- und Talfahrt 4 Euro)*. Auf dem Gipfel warten ein ☀ Aussichtsturm und ein Wildgehege.

SEEBACH (126 B6) *(∅ E5)*

In diesem Ort (1500 Ew.) nahe Schliffkopf, Mummelsee und Hornisgrinde liegt das gut erhaltene Erzbergwerk *Silbergründle (Eintritt 4 Euro | www.bergwerk-seebach.de | Besichtigung nur nach Anmeldung | Touristen-Information Seebach | Tel. 07842 94 83 20 | www.seebach-tourismus.de)*. Daneben lohnt sich der Besuch des *Internationalen Trachten- und Volkskunstmuseums (März–Okt. Di und Mi 14–17 Uhr | Eintritt 2,30 Euro)* und *Vollmers Mühle* im Ortsteil Grimmerswald *(Mai–Okt. So 10–11.30 Uhr und nach Anmeldung | Tel. 07842 94 83 20 | Eintritt frei | www.vollmers-muehle.de)*.

Zünftige Einkehr mit guter Bauernvesper und Hausbrennerei bietet am Talende in Hinterseebach der *Kernhof (Di und Dez. geschl. | Tel. 07842 36 92 | www.kernhof-seebach.de | €)*. In unmittelbarer Nähe liegt ☀ *Brenne Schrofen*, eine Aussichtskanzel mit unvergleichlichem Blick auf Ottenhöfen und die Nachbartäler.

Glanzlichter im
Fahrzeugmuseum Marxzell

In den vergangenen Jahren wurde das Örtchen Seebach gleich mehrfach für seine Familienfreundlichkeit ausgezeichnet: Neben einem engagierten Kinderprogramm und natürlich den Ferien auf dem Bauernhof manifestiert sich diese unter anderem auch auf dem großen Abenteuerspielplatz direkt im Ort (Näheres in der Tourist-Info). *30 km von Baden-Baden*

BAIERS-BRONN

(130 C1) *(⌘ F5)* ● Diese Stadt ganz im Herzen des Nordschwarzwalds besitzt auf den ersten Blick nicht das große Flair, doch die Kochtöpfe haben es in sich: Hier herrscht auf engem Raum die

SEHENSWERTES

HAUFFS MÄRCHENMUSEUM

Klein und liebevoll eingerichtet, erinnert dieses Museum an den schwäbischen Dichter Wilhelm Hauff („Zwerg Nase"), dessen Märchen „Das kalte Herz" genau hier in Baiersbronn spielt. *Mi, Sa, So 14–17 Uhr | Eintritt 1,50 Euro | Alte Reichenbacher Straße 1*

Baiersbronns blauem Himmel sehen Sie gar nicht an, wie viele Sterne über ihm stehen

größte Michelin-Stern-Dichte Deutschlands.

Mit 800 000 Übernachtungen jährlich ist Baiersbronn (15 800 Ew.) Spitzenreiter im Schwarzwälder Tourismus. Der Hauptort liegt 500 m hoch an der Kreuzung mehrerer Täler, die sich hinaufziehen zu Schliffkopf, Hornisgrinde, Ruhestein und Kniebis. An den Hauptspazierwegen stehen insgesamt acht futuristische **INSIDER TIPP** „Himmelsliegen": hölzerne, gewölbte Liegebänke, von denen man den Himmel über Baiersbronn genießen kann.

INSIDER TIPP ► MORLOKHOF ●

Einst sollen in dem 1790 erbauten Bauernhof in Mitteltal Wunderheiler gelebt haben. Für die Renovierung erhielt der Hotelier Hermann Bareiss den Denkmalschutzpreis des Landes. Jeden Donnerstag wird um 18.30 Uhr das nicht ganz billige „Morlokhof-Menu" serviert, sonntags findet um 14.30 Uhr eine Kaffeetafel statt, beides inklusive Hofführung. Anmeldung erforderlich, ansonsten nur von außen zu besichtigen. *Tel. 07442 4 70 | www.morlokhof.de*

ESSEN & TRINKEN ÜBERNACHTEN

BAREISS

First-Class-Hotel mit neun Pools, großem Spa und engagierter Kinderbetreuung im Ortsteil Mitteltal. Das von Claus-Peter Lumpp bekochte Gourmetrestaurant zieren drei Michelin-Sterne *(Mo/Di und März/April geschl.)*, darüber hinaus beherbergt das Hotel noch zwei weitere Restaurants – eins davon, die *Dorfstuben*, stammt aus dem 19. Jh. Zwischen Mitteltal und Tonbach betreibt das Haus mitten im Wald zusätzlich die *Wanderhütte Sattelei (tgl. bis 17, So bis 21.30 Uhr geöffnet/ €)*, in der in gediegen-rustikalem Ambiente Vesper-Leckereien kredenzt werden. *99 Zi. | Gärtenbühlweg 14 | Tel. 07442 4 70 | www.bareiss.com | €€€*

FLÖSSERSCHENKE

Kleines, rustikales Lokal. Spezialitäten sind Salatteller, zünftige Eintöpfe und Steaks vom heißen Stein. **INSIDER TIPP** Fr und Sa bis 2 Uhr geöffnet, kleiner Biergarten. *tgl. ab 16, im Sommer ab 11 | Sankenbachstr. 35 | Tel. 07442 76 49 | www.floesser-schaenke.de | €€*

SACKMANN

Der dritte Sternekoch von Baiersbronn: Das moderne Haus aus den 1970er-Jahren bietet einen großen Wellnessbereich mit Hallenbad, Dachterrasse und eine romantische Kaminbar. *65 Zi. | Murgtalstr. 602 | Tel. 07447 28 90 | www.hotel-sackmann.de | Hotel €€€ | Restaurant (Mo und Di geschl.) €€€*

SEIDTENHOF

Eine willkommene Abwechslung vom Sternefunkeln in Baiersbronn: preiswerte Bauernstube in historischem Ambiente mit guten Kuchen, selbstgemachtem Eis und hausgemachten Maultaschen. Im Sommer Biergarten. Für Kinder toll: frei zugänglicher Hof mit Ställen und Pferden, Kühen, Ziegen, Hasen und Katzen. *Mi. und Nov. geschl. | Reichenbacher Weg 46 | Tel. 07442 12 08 95 | www.seidtenhof.de | €*

TRAUBE TONBACH

Das Feinschmeckerlokal *Schwarzwaldstube* in der Traube ist dekoriert mit drei Michelin-Sternen. Rehparfait mit Gänseleber, Kartoffelravioli mit Steinpilzen gefüllt, gegrillter Hummer, Schokoblätterteigschnitten – alles kein Hexenwerk, man kann es nachlesen in den Kochbüchern, die Küchenchef Harald Wohlfahrt schreibt. Aber spätestens beim Nachkochen merkt man halt doch den Unter-

LOW BUDGET

▶ Der Eintritt in den *Wildpark Pforzheim* im Stadtwald kostet lediglich die Parkgebühr *(Mo–Fr 2, Sa/So 4 Euro)* ganz egal, wie voll das Auto ist. Im Park erwarten Sie rund 350 Tiere, unter anderem Lamas, Elche, Luchse und Otter. *tgl. rund um die Uhr geöffnet | Tiefenbronner Str. 100*

▶ Das historische Kino im Fahrzeugmuseum Marxzell zeigt stündlich historische Auto- und Rennsportfilme. Mit dem Museumseintritt (5 Euro) kann man sich einen kompletten Filmnachmittag machen.

▶ In der Mountainbike-Arena Murg *(Enzklösterle | Tel. 07085 75 16 | www.bikearena-murgenz.de)* gibt es kostenlos für Wanderer und Mountainbiker GPS-Navigationsgeräte zum Ausprobieren.

schied. Tischreservierung ist unerlässlich. *Mo und Di geschl. | 175 Zi. | Ortsteil Tonbach | Tonbachstr. 237 | Tel. 07442 49 20 | www.traube-tonbach.de | €€€*

FREIZEIT & SPORT

BAIERSBRONNER WANDERHIMMEL

Über insgesamt rund 550 km erstreckt sich das sorgfältig ausgeschilderte Wegenetz. Darunter sind ausgezeichnete Routen wie die *Murgleiter* und der *Seensteig*, mit **INSIDER TIPP** *Wanderkoch* Friedrich Klumpp geht's schlemmend über Land, dabei erfährt man allerlei Wissenswertes über essbare Waldflora *(April–Aug. | Tel. 07442 8 43 40 | www.rosengarten-baiersbronn.de)*. Infos zu weiteren Wegen und Angeboten im Wander-Informationszentrum *(Mai–Okt. Mo–Fr 8–12 und 13–16, Sa/So 8–14, Nov.–April Mo–Fr 8–12 und 13–16, Sa/So 8–12 Uhr | Freudenstädter Straße 40 | Tel. 07442 18 00 80 | www.wanderhimmel.de)*

SKIARENA SCHWARZWALD-HOCHSTRASSE ⭐

(126 B–C 4–6) (Ⓜ E–F 3–5)

Die Höhen über Baiersbronn, von der Hornisgrinde bis zum Kniebis, sind durch ein weitläufiges Netz von Loipen und Skiliften erschlossen. Mit der Gründung des „Schneeschuhvereins" 1905 begann die Wintersporttradition in Baiersbronn. Inzwischen hat sich die ganze Skiarena Schwarzwald-Hochstraße zum zentralen Wintersportgebiet des Nordschwarzwalds entwickelt. Es ist besonders kinder- und familienfreundlich und spricht wegen der eher zahmen Abfahrten und oft auch kurzen Loipen vor allem die Genießer unter den Skisportlern an. Die 2,5 km lange *Buhlbachloipe* (im Ortsteil Buhlbach) ist bei Dunkelheit von Flutlicht beleuchtet. Zusätzlich drei Rodelbahnen, am Ruhestein (300 m), in Tonbach (250 m) und am Kniebis (400 m mit Flutlicht).

AUSKUNFT

BAIERSBRONN TOURISTIK

Zweigstellen in fast allen Ortsteilen. *Rosenplatz 3 | Tel. 07442 8 41 40 | www.baiersbronn.de*

ZIELE IN DER UMGEBUNG

BUHLBACHSEE *(130 B1) (Ⓜ E5)*

An der Ostseite des Schliffkopfmassivs finden Sie diesen Eiszeitsee (Baden verboten). Er ist die Alternative zum Touristenrummel am Mummelsee *(vom Parkplatz Zuflucht-Lift in etwa 45 Gehminuten über einen steilen Weg zu erreichen). 20 km von Baiersbronn*

LIERBACH-WASSERFALL

(130 A1) (Ⓜ E5)

In einem Seitental unterhalb der Schwarzwald-Hochstraße führt ein abenteuerlicher Kletterweg von der Streusiedlung Lierbach zum wildromantischen Lierbach-Wasserfall. Er ist über Treppchen und Stege erschlossen und beginnt bei der Ruine des Klosters Allerheiligen (12. Jh.). *35 km von Baiersbronn*

LOTHAR-PFAD ● (130 A–B1) (🗺 E5)

Uriger Lehrpfad (1 km), der über Treppen, Stege und Leitern durch ein weitgehend verwüstetes Waldstück führt, das nach dem Orkan Lothar 1999 nicht mehr aufgeräumt wurde. Info: *Naturschutzzentrum Ruhestein | Mai–Sept. Di–Do und Sa/So 10–18, Okt.–April Di–Do und Sa/So 10–17 Uhr | Tel. 07449 9 10 20 | www.naturschutzzentren-bw.de | Am Schliffkopf an der B 500. 36 km von Baiersbronn*

FREUDEN-STADT

▨▨ KARTE IM HINTEREN UMSCHLAG
▨▨ (130 C1) (🗺 F5) **Der größte Marktplatz ganz Deutschlands liegt in Freudenstadt (23 500 Ew.). In einem der gemütlichen Straßencafés rundherum zu sitzen und dem Trubel zuzusehen ist schon ein echtes Urlaubsvergnügen für sich.**

Die Stadt, etwas unwirtlich 700–1000 m hoch gelegen, ist nach einem Brand zu Beginn des 17. Jhs. schachbrettartig angelegt worden. Der arkadenumrahmte Marktplatz mit seinem Brunnensee, in dem von Mai bis Oktober Wasserfontä-

nen ihre Tänze aufführen, ist von diesem Konzept noch erhalten geblieben.

SEHENSWERTES

EXPERIMENTA ●

Ein Erlebnismuseum zum Anfassen. In Experimenten zum Ausprobieren und Mitmachen sind hier Phänomene des täglichen Lebens und der Natur anschaulich dargestellt. *April–Nov. tgl. 10–18 Uhr | Eintritt 4,90 Euro | Musbacher-Str. 5 | www.experimenta-freudenstadt.de*

KIENBERG ☘

Mit Blick über die Stadt schlendern Sie durch den Freiluft-Skulpturenpark oder flanieren auf dem *Rosenweg* an Rosenbeeten vorbei. Auf dem Berg ragt der 25 m hohe Friedrichsturm von 1899 empor, der sich auch erklimmen lässt. Anschließend stärken Sie sich im *Café am Friedrichsturm (Do. geschl.)* mit hausgemachtem Kuchen.

MUSEUM IM STADTHAUS

Im Stadthaus am Marktplatz sind Etappen der Stadtgeschichte dargestellt. Ausführlich ist die Gründungszeit dokumentiert. *Mo/Fr 15–17, Di/Do/Sa/So 10–17 Uhr (April–Okt. jeweils bis 18 Uhr) | Eintritt frei*

Gemütliches Schneetreiben in der familienfreundlichen Skiarena Schwarzwald-Hochstraße

In Alpirsbach werden außer Biergläsern auch mal die Fächer des Fachwerks schön gefüllt

ESSEN & TRINKEN

KNIEBISHÜTTE

Obwohl sie unmittelbar an der Schwarzwaldhochstraße liegt, ist diese Einkehr nicht nur bei Touristen beliebt. Auch Einheimische wissen den zackig-vergnügten Service sowie die Vesper- und Kuchenspezialitäten zu schätzen. Im Inneren wärmt winters der Kachelofen, im Sommer lädt die große, von der Straße abgewandte Terrasse zum Höhensonnenbad. Feine Auswahl regionaler Weine, zu besonderen Terminen launige *Hüttenabende. tgl. bis 19.30 Uhr | Straßburger Str. | Tel. 07442 12 11 60 | www.kniebishuette.de | €*

ZUM WARTECK

Hinter der unscheinbaren Fassade des kleinen Hotels *(13 Zi. | €€)* verbirgt sich auch ein tolles Restaurant. Der Chef kocht aus Überzeugung nur mit naturfrischen Produkten. Sehr gutes Weinsortiment. *Stuttgarter Str. 14 | Tel. 07441 9 19 20 | www.warteck-freudenstadt.de | €€€*

EINKAUFEN

Der Wochenmarkt auf dem Marktplatz mit Lebensmitteln und Kunsthandwerk bietet *(Di/Fr 8–12 Uhr | Nov.–März nur Fr)* schöne Einkaufsmöglichkeiten. Verführerisch sind die hausgemachten Spezialitäten der drei Freudenstädter Konditoreien *Café Bacher zum Falken (Lossburgerstr. 5), Café Müller (Martin-Luther-Str. 12–14)* und *Café Pause (Marktplatz 65).*

ÜBERNACHTEN

INSIDER TIPP GÄSTEHAUS SCHAUINSLAND

Die ruhig gelegene Herberge grenzt direkt ans Naturschutzgebiet auf dem Kienberg. Im großen, geschmackvoll angelegten Garten findet jeder Gast ein abgeschiedenes Plätzchen für seine Liege. Das Innere des Hauses schmücken die von den Inhabern gemalten Bilder und allerlei Antiquitäten. Die Zimmer sind einfach, aber gepflegt. Nur Frühstück. *8 Zi. | Okt.–Dez. geschl., Jan.–Feb. nur auf Anfrage | Hartranftstr. 56 | Tel. 07441 24 88 | www. schauinsland-freudenstadt.de | €*

WALDBLICK-KNIEBIS

Das Hotel liegt weitab der Stadt auf einer Waldlichtung mitten im Naturschutzgebiet – eine echte Alternative für Ruhesuchende. Das familiengeführte Haus glänzt durch die Wellnessabteilung, die erst kürzlich um ein Saunahaus mit Panoramafenstern erweitert wurde. Im empfehlenswerten Restaurant *(Di nur für Hotelgäste)* bereitet Naturparkwirt Paul Finkbeiner regionale Köstlichkeiten zu. *33 Zi. | Eichelbachstr. 47 | Tel. 07442 83 40 | www.waldblick-kniebis.de | €€–€€€*

AUSKUNFT

INFO FREUDENSTADT
Marktplatz 64 | Tel. 07441 86 40 | www. freudenstadt.de

ZIELE IN DER UMGEBUNG

ALPIRSBACH (130 C3) (*M F6*)
Nach Alpirsbach (6600 Ew.) kommt man wegen der guten Biere der Klosterbrauerei *(im Brauereigasthof Löwen-Post | Okt.–März Di, April–Sept. Di.-Abend geschl. | Marktplatz 12 | Tel. 07444 9 55 95 | www. loewen-post.de | €–€€)*, wegen der alten Fachwerkhäuser im malerischen Ortskern und wegen der berühmten über 900 Jahre alten Alpirsbacher *Klosterkirche*, deren **INSIDER TIPP** ▶ neue, frei stehen-

de Orgel als gewaltige Skulptur gestaltet wurde – ein Ohren- und Augenschmaus. Im spätgotischen Kreuzgang finden hochkarätige Konzerte statt. *18 km von Freudenstadt*

ALTENSTEIG ⭐ (127 E6) (*M G4*)
Viele halten den kleinen Ort (11 200 Ew.) in den Hügeln über der Nagold für die schönste Stadt des Nordschwarzwalds. Sie klebt mit heimeligen Häuschen, die allesamt aussehen wie aus der Kollektion eines Modellbaukatalogs, rund um die Alte Steige, die der Stadt ihren Namen gab. Der Aufstieg über schmale Treppchen und Gassen wird belohnt mit dem *Alten Schloss* und seinem *Museum (Mi 14–16, So 14–17 Uhr | Eintritt 1,50 Euro).* An Sommerwochenenden bietet die Flößerzunft Oberes Nagoldtal zu festen Terminen Flößerführungen, bei denen Gäste selbst Hand anlegen dürfen *(rechtzeitig anmelden: Touristeninfo Altensteig | Tel. 07453 94 61 47)*, im Sept. das traditionelle Flößerfest. Einen Eindruck vom Inneren der vielen historischen Fachwerkhäuser bekommen Sie im *Gasthaus Bäck-Schwarz (Mo geschl. | Tel. 07453 74 97 | Paulusstr.*

Hübsch an den Hang geklebt: Altensteig, für viele der schönste Ort im Nordschwarzwald

19 | www.baeck-schwarz.de | €). 22 km von Freudenstadt

NAGOLD-TALSPERRE (127 D6) (*M G5*)

Bade-, Surfer- und Segelparadies, gleichzeitig mit einem asphaltierten; 6,3 km langen Rundweg auch Geheimtipp der Inlinerszene. Baden ist nur in der Vorsperre erlaubt, Segeln und Surfen von April–Sept. in der Hauptsperre, viele öffentliche Grill- und Feuerstellen. Schönster und originellster Platz zur Einkehr ist im kleinen Ort Seewald-Erzgrube das Gasthaus *Seeheiner (7 Zi. | Nov. geschl., Dez.–April Mo und Di geschl., Mai/Juni/ Okt. Mo geschl. | Seestr. 81 | Tel. 07448 9 27 70 | www.seeheiner.de | €–€€)* mit Biergarten direkt am See. Hier gibt es viel Hausgemachtes, Bauernbrot, Blut- und Leberwurst, Flammkuchen sowie die

● **INSIDER TIPP** Attraktion Drehterrasse,

eine runde Scheibe aus Holz mit etwa 85 Sitzplätzen, die sich alle Viertelstunde dreht und so jedem Gast wechselnde Ausblicke ermöglicht.

PFORZHEIM

(127 E–F2) (*M H2*) Die Goldstadt (120 000 Ew.) ist das Eingangstor in den Nordschwarzwald. Deshalb haben die Römer den Ort Portus getauft.

Pforzheim ist das berühmte Zentrum der deutschen Schmuck- und Uhrenindustrie.

SEHENSWERTES

INSIDER TIPP DDR-MUSEUM

Gegen das Vergessen: Neben „Ostalgie"- Exponaten aus 40 Jahren DDR werden der Stasi-Terror und der Tod an der innerdeutschen Grenze thematisiert. Beklemmend: der rekonstruierte Stasi-Verhörraum und die Stasi- Gefängniszelle. *So 11–15 Uhr und nach*

CITY WOHIN ZUERST?

Markt- und Waisenhausplatz: Die Plätze grenzen an die Fußgängerzone. Die grünen Ecken am Ufer von Enz und Nagold erschließt der 3,2 km lange *Goldstadt-Uferweg,* der am Waisenhausplatz beginnt und endet. Er passiert u. a. Stadtgarten und Reuchlinhaus. Bushaltestellen sind hier Leopoldstraße und Waisenhausplatz, der Hauptbahnhof liegt zwei bzw. drei Stationen weiter. Autofahrer lotst ein Leitsystem in die City-Parkhäuser (z. B. Central-Parkhaus oder Parkhaus am Bahnhof).

Vereinbarung | Tel. 07231 4 24 33 40 | Eintritt frei | Hagenschießstr. 9 | www. pforzheim-ddr-museum.de

ENZAUENPARK

Das 38 ha große, ganzjährig geöffnete Gelände der ehemaligen Landesgartenschau bietet viele Freizeit- und Erholungseinrichtungen, z. B. einen Wasserspielplatz für Kinder. Links und rechts der renaturierten Enz laden schöne Biergärten zum Entspannen ein; auf der Open-Air-Bühne finden regelmäßig Konzerte statt.

REUCHLINHAUS

Benannt nach dem berühmtesten Pforzheimer, dem Humanisten Johannes Reuchlin (1455–1522), beherbergt der spektakuläre Bau heute den *Kunstverein (www.kunstvereinpforzheim.de)* und das *Schmuckmuseum Pforzheim.* Schon allein das 1961 errichtete Museumsgebäude ist sehenswert, architektonisch sind Anleihen bei Le Corbusier und Mies van der Rohe nicht zu leugnen. Wechselnde Ausstellungen und Veranstaltungen. Das *Schmuckmuseum (Di–So 10–17 Uhr |*

Eintritt 3 Euro | www.schmuckmuseum. de) zeigt echte Schätze, unter anderem antikes, mehr als 3000 Jahre altes Geschmeide.

SCHMUCKWELTEN

Europaweit einzigartiges Einkaufs- und Erlebniszentrum für Schmuck und Uhren, auf 4000 m² untergebracht im Industriehaus, einem modernen Gebäudekomplex im Zentrum. *Mo–Sa 10–19, So 11–18 Uhr | Eintritt 8 Euro | Westliche-Karl-Friedrich-Straße 68 | www.schmuckwelten.de*

ESSEN & TRINKEN

ENZAUEN-BIERGARTEN

Für viele ist dies der schönste Platz in ganz Pforzheim. Das Ausflugslokal im Enzauenpark bietet typische Kneipenküche und macht Lust auf Weizenbier im Freien. Kinder haben hier sehr viel Auslauf. *Nur bei schönem Wetter tgl. 10–20 Uhr | Tel. 07231 56 51 97 | €*

PYRAMIDE

Feinschmeckerführer nennen das solide Abendrestaurant (ab 18 Uhr) ein „Wohnzimmerlokal". Spezialität des Hauses sind Fischgerichte, die Küchenchef Andreas Wolf gerne auch mal asiatisch abrundet. *Mo und Di geschl. | Dietlingerstr. 25 | Tel. 07231 44 17 54 | www. restaurant-pyramide.de | €€€*

SEEHAUS

Die beliebte Waldgaststätte ist im Staatsforst Hagenschieß in dem spätbarocken Jagdpavillon der badischen Markgrafen untergebracht. Kulinarisch geht die Reise einmal um die ganze Welt. Großer Biergarten *(Biergarten Mai–Okt. Di–So 10–22 Uhr | Restaurant ganzjährig Mi–So 11.30–23 Uhr | Ortsteil Buckenberg | Tiefenbronner Str. 201 | Tel. 07231 65 11 85 | www.seehaus-pforzheim.de | €€).*

TROC

In dem gepflegtem Lokal mit Pianobaratmosphäre treffen sich die örtlichen Künstler gern. *Mo–Fr preiswerter Mittagstisch. Mo–Do 9–24, Fr–Sa 9–2 Uhr | Westliche Karl-Friedrich-Str. 28 | Tel. 07231 8 00 60 72 | www.troc.de | €€*

Schmuckmuseum im Reuchlinhaus – eine wahre Schatzinsel

FREIZEIT & SPORT

WALDKLETTERGARTEN

Über den Wildpark spannt sich diese Seilkletteranlage zwischen meterhohen Bäumen. Mit Helm und Sicherheitsgurt ausgestattet, klettern Mutige (nach einer ausführlichen Einweisung) durchaus mal bis zu 11 m über dem Waldboden, wo sich die wilden Tiere tummeln. Sechs Parcours in unterschiedlichen Schwierigkeitsgraden. *Mai–Okt Sa/So 10–18, in den Sommerferien tgl. 10–18, in den Herbstferien Mo–Fr 13–17 und Sa/So 10–18 Uhr | Eintritt 19 Euro | Tiefenbronner Straße 100 | www.cs-naturkonzepte.de*

ÜBERNACHTEN

PARKHOTEL PFORZHEIM

Dieses zentral gelegene Haus mit luftiger, moderner Architektur bietet komfortable Ausstattung und ein überdurchschnittliches Restaurant. Suchen Sie sich einen Platz im Wintergarten. *208 Zi. | Deimlingstr. 32–36 | Tel. 07231 16 10 | www.parkhotel-pforzheim.de | €€–€€€*

AUSKUNFT

TOURIST-INFORMATION PFORZHEIM

Marktplatz 1 | Tel. 07231 39 37 00 | www.pforzheim.de

ZIELE IN DER UMGEBUNG

BAD LIEBENZELL (127 F4) (*
H3*)

Dieser berühmte heilklimatische Kurort (9500 Ew.) liegt ganz malerisch an den bewaldeten Hängen des Nagoldtals. Seine kohlensäure- und salzhaltigen Heilwasser sind schon seit dem 16 Jh. als Medizin gegen Rheuma und Erschöpfung bekannt und geschätzt. Fachmännisch verabreicht bekommen Sie sie etwa in der *Paracelsus-Therme (umfangreiche Sanierungsarbeiten bis Redaktionsschluss, aktuelle Infos unter Tel. 07052 40 80 und www.paracelsustherme.de).*

Größte Sehenswürdigkeit der Stadt ist *Burg Liebenzell (13. Jh.),* heute eine Bildungsstätte. Der 34 m hohe ☼ Bergfried ist frei zugänglich und bietet einen Ausblick auf das Nagoldtal.

Zum Essen fahren Sie am besten in den Ortsteil Zainen ins *Gasthaus Lamm (Mo und Di geschl. | Calmbacherstr. 23 | Tel. 07084 48 33 | €).* 21 km von Pforzheim

BAD TEINACH-ZAVELSTEIN (127 E4–5) (*
H4*)

Fast der komplette Kurort (3000 Ew.) steht unter Denkmalschutz. Das mittelalterliche Städtchen (autofreies Kurzentrum, schöner Park mit Wasserfällen, romantische Burgruine) bietet eine historische Rarität: Die *Kabbalistische Lehrtafel* von 1673, eine aufklappbare Bildtafel mit symbolhaften naturwissenschaftlichen Erläuterungen. Sie wird in der *Dreifaltigkeitskirche (Führungen April–Okt. Do 15 Uhr)* aufbewahrt. Bestes Haus ist das *Bad Hotel (58 Zi. | Otto-Neidhart-Allee 5 | Tel. 07053 2 90 | www.bad-hotel.de | €€€),* das stilvoll die Eleganz traditioneller Kurhotels pflegt.

Im Ortsteil Zavelstein, der eng gedrängt auf einem Bergrücken mit einer romantischen Burgruine liegt, blüht im Frühjahr der nördlich der Alpen äußerst seltene *crocus napolitanus.* 34 km von Pforzheim

BAD WILDBAD ⭐ (127 D4) (*
G3*)

Tief versteckt im Enztal ruht, zufrieden mit sich selbst und scheinbar unberührt vom Trubel der Welt, das vielleicht berühmteste internationale Kurbad (11 000 Ew.) des Schwarzwalds. Besonders empfehlenswert ist das orientalisch angehauchte ● *Palais Thermal (Mo–Fr 12–22, Sa/So 10–22 Uhr | Eintritt ab 13,50 Euro, kein Zutritt für Kinder unter 12 | www.palais-thermal.de).* Bad Wildbad strahlt Flair und kulturelle Weltläufigkeit aus (Rossini-Konzerte), hat aber mit einem neuen Mountainbike-Park auch ein Auge auf eher jüngeres Publikum geworfen. Das traditionsreiche *Badhotel Bären,* in dem 1856 auch Gioacchino Rossini sein Quartier aufschlug, heißt heute *Mokni's.* An der palastartigen Architektur und dem Grandhotel-Komfort hat sich freilich nichts geändert *(Tel. 07081/30 10 | www.moknis.com | €€€).* 24 km von Pforzheim

ENZKLÖSTERLE (127 D5) (*
G4*)

Dieser kleine Ort (1200 Ew.) am Ende des Enztals bietet Ihnen Schwarzwald pur. Attraktion des Orts ist die Krippenausstellung *Krippena 2000 (April–Jan. tgl. 9.30–17.30 Uhr | Hirschtalstr. 30 | Eintritt 3 Euro | www.krippena-2000.de)* mit einer der weltweit größten handgeschnitzten Weihnachtskrippen.

Im nahe gelegenen Poppeltal locken zum einen die spektakuläre Sommerro-

www.cs-naturkonzepte.de). 35–40 km von Pforzheim

HIRSAU (127 F4) (⌘ H3)

Das berühmte ⭐ *Benediktinerkloster Hirsau* zählt zu den bedeutendsten Abteien in Mitteleuropa. Von hier aus wurde der

Kreuzgang der Marienkapelle im bedeutenden Benediktinerkloster Hirsau

delbahn *(April–Okt. tgl. 10–18.30 Uhr | Eintritt 3 Euro | www.riesenrutschbahn. de)* und zum anderen der *Flößersee* mit einem *Freilichtmuseum (Eintritt frei).*

Im *Hirschtal* (in Enzklösterle gut ausgeschildert) finden Abenteuerlustige zusätzlich einen *Waldklettergarten* mit sechs verschiedenen Parcours in ganz unterschiedlichen Schwierigkeitsgraden: Da gibt es Seilbrücken und –rutschen, Kletterbrücken und ein 16 m hoher *Freefall-Jump,* wo Sie genau das erwartet, wonach es klingt *(Mai–Okt. Sa/So 11–18, in den Sommerferien Di–So 13–18 Uhr | bei unsicherer Witterung erfragen, ob die Anlage geöffnet ist | Tel. 0174 8 27 71 71 bzw. 0152 21 41 66 49 | Eintritt 17 Euro |*

Nordschwarzwald erschlossen. Man quartiert sich am besten ein im *Hotel Kloster Hirsau (40 Zi. | Wildbaderstr. 2 | Tel. 07051 9 67 40 | www.hotel-kloster-hirsau.de | €€). 26 km von Pforzheim*

ROTFELDEN (127 E5) (⌘ H4)

In diesem Ortsteil von Ebhausen (4800 Ew.) liegt der einzige Kamelhof im Schwarzwald mit über 86 Kamelen, Dromedaren, Trampeltieren und Lamas. *(März–Nov. Mi–So 13–17, Dez.–Feb. Sa/So 13–17 Uhr, während der Schulferien tgl. geöffnet | Eintritt 5 Euro | geführte Ausritte 25 Euro pro Stunde und Kamel nach Terminvereinbarung | Tel. 07054 81 25 | www.kamelhof.de). 40 km von Pforzheim*

MITTLERER SCHWARZWALD

Das landschaftliche Highlight dieser Region ist Triberg mit seinen Wasserfällen, der touristische Magnet jedoch heißt Europapark Rust. Von einem zum anderen kommt man – Muße vorausgesetzt – mit der alten Schwarzwaldbahn von Villingen nach Offenburg.

In Rust heißt es Umsteigen in Richtung Zukunft, nämlich in den Silver Star. Das ist die größte Achterbahn Europas, mit der man technologisch nahtlos an die Meisterleistungen der alten Schwarzwaldbahningenieure angeknüpft hat.

Einen Höhenrausch bekommt man im mittleren Schwarzwald sonst nur schwer. Die höchste Erhebung, der Brandenkopf (934 m) bei Oberharmersbach, schafft es nicht einmal in den Kreis der Tausender. Dafür finden Sie hier Spuren von Tüftlern und Handwerkern: Bahn- und Bergbauingenieure, Uhrmacher, Flößer, Glasbläser, Holzschnitzer, Bollenhuterfinder waren hier kreativ. Vielleicht ist man deshalb in dieser Schwarzwaldregion besonders nostalgisch. Hier hegt und pflegt man die Erinnerung an alte Bräuche und Trachten; die Zahl der Heimatmuseen wird nur übertroffen von jener der Trachtenvereine. Die Rückbesinnung auf die handwerklichen und bautechnischen Leistungen der Vorväter schlägt sich nieder in aufwendigen Freiluftmuseen, in Besucherbergwerken, in touristischen Glashütten und im Uhrmacherkult rund um Triberg und Schonach. Mit Enthusiasmus feiern die Menschen hier die traditionelle alemannische Fasnet.

Bild: Fachwerkhäuser in Schiltach

Silbererz und Silver Star: Zwischen Offenburg und Villingen locken altes Handwerk und moderne Abenteuer

Während der Westen des mittleren Schwarzwalds auch meteorologisch eher mit dem sonnigen Rheintal flirtet, hat es der Osten schwerer: Er ist kalt und rau. Der nordische Skisport ist hier zu Hause.

HASLACH

(130 A4) (🕮 D7) **Der kleine Ort am markanten Knick des Kinzigtals (7000 Ew.) war von 1200–1700 das Zentrum des Schwarzwälder Silberbergbaus. Stattli-** **che Fachwerkhäuser zeugen von einstigem Bürgerstolz und Reichtum.**
Von der bemalten Fassade des über 400 Jahre alten Rathauses blickt der berühmteste, allgegenwärtige Sohn der Stadt herab, der Pfarrer und Volksschriftsteller Heinrich Hansjakob (1837–1916).

SEHENSWERTES

HANSJAKOB-MUSEUM
Dokumente, Schriften, Devotionalien rund um den Meister. Das Museum

liegt am Stadtrand, im Freihof, dem Altersruhesitz des Volksschriftstellers. *Mi 10–12.30 und 15–17, Fr 15–17, April–Okt. auch So 10–12.30 und 15–17 Uhr | Eintritt 2 Euro | Hansjakobstr. 17*

TRACHTENMUSEUM

In einem restaurierten ehemaligen Kapuzinerkloster (1630) vor den Stadtmauern befindet sich eine große und sachkundig angelegte Sammlung Schwarzwälder

Was die roten Bollen bedeuten? Die Antwort gibt's im Trachtenmuseum

Originaltrachten. Dabei lernen Sie die Symbolik des „Bollenhuts" kennen: rote Bollen tragen die ledigen Frauen, schwarze die vergebenen. *April–Mitte Okt. Di–So 10–12.30 und 13.30–17, Mitte Okt.–März Di–Fr 10–12.30 und 13.30–16 Uhr, im Januar nach Vereinbarung | Tel. 07832 70 61 72 | Eintritt 2 Euro | Im Alten Kapuzinerkloster*

ESSEN & TRINKEN

BLUME

Die Blume bietet gute heimische Gastronomie in unaffektiertem Ambiente. Spezialität sind hausgemachte Spätzle und frische badische Küche. Zum Gasthaus gehören eine große Terrasse und ein kleines Tiergehege. Von hier starten attraktive Mountainbike-Routen. Auch Hotel mit 27 Zi. und kleinem Wellnessbereich (€). *Ortsteil Schnellingen | Schnellingerstr. 56 | Tel. 07832 9 12 50 | www.zur-blume. de | €€*

KÜFERSTUBE SCHWARZ

Der gutbürgerliche Familienbetrieb mit fünf Ferienwohnungen (€) wird von Einheimischen wegen der knusprigen Brathähnchen und dem selbst gemachten Apfelmost geliebt. In der Weinhandlung mit eigener Schnapsbrennerei werden Früchte aus der Region verarbeitet. *Di/ Do geschl. | Steinacher Str. 9 | Tel. 07832 26 51 | www.kueferstube.de | €–€€*

AUSKUNFT

TOURIST INFORMATION HASLACH

Im Alten Kapuzinerkloster | Tel. 07832 70 61 70 | www.haslach.de

ZIELE IN DER UMGEBUNG

BAD PETERSTAL, BAD GRIESBACH

Bad Peterstal (130 A2) (*E6*) mit 2800 Einwohnern ist der Jungbrunnen des Schwarzwalds. Hier, ebenso wie im benachbarten und inzwischen eingemeindeten Bad Griesbach (130 B2) (*E6*), nutzen Mineralwasserhersteller die unterirdischen Kohlensäurequellen. Wichtigster Festtag im Jahr ist das Patronatsfest Peter und Paul im Juni/ Juli, bei dem die Bewohner in Trachten ausgehen. Ende Juli oder Anfang

August findet beim „Kurparkfest" ein <mark>INSIDER TIPP</mark> großer Zapfenstreich der historischen Feuerwehren statt. Mehr als nur einen flüchtigen Blick lohnt das private *Taglöhner- und Brennerei-Museum (Fr 15 Uhr | Eintritt 4 Euro | Am Ackerköpfle 1 | beim Bahnhof Bad Griesbach),* weil man dort die älteste Brennereianlage (17. Jh.) des Renchtals besichtigen kann und – inklusive Schnapsprobe – durch eine ganz neue Brennerei geführt wird. Direkt am Ortseingang liegt das *Moped- und Rollermuseum (April–Okt. So 11–17 Uhr | Eintritt 2 Euro | Renchtalstr. 49 | www.museum-verein.de),* das in einer alten Sägewerkshalle über 90 Mopeds, Motorroller und Fahrräder aus der Wirtschaftswunderzeit zeigt.

Vom Tal aus nicht zu sehen thront am Hang das 🌿 *Hotel Dollenberg,* das mit allen Annehmlichkeiten aufwartet, die man bei einem Fünf-Sterne-Haus erwartet *(90 Zi. | Tel. 07806 780 | www.dollenberg.de | €€€).* Über dem Gourmetrestaurant *Le Pavillon* leuchten neuerdings zwei Michelin-Sterne. Hier kocht Martin Herrmann, der dienstags gelegentlich für 38 Euro zur abendlichen <mark>INSIDER TIPP</mark> Küchenparty lädt *(Termininfo an der Rezeption und auf der Homepage).*

Noch weiter oben blickt man von der 🌿 *Renchtalhütte* aus ins gleichnamige Tal. Große Terrasse, ein Ziegengehege und ausgezeichnete Vesperküche in urig-gediegenem Wanderhüttenambiente *(tgl. 11–23 Uhr | Rohrenbach 8 | Tel. 07806 91 00 75 | www.renchtalhuette.de | €–€€). 29 km von Haslach*

GUTACH (130 A4) (🗺 E7)

Schon die Fahrt durch das Kinzig- und das Gutachtal mit den vielen schönen Schwarzwaldhöfen links und rechts an den Hängen stimmt ein auf das, was die Besucher im ⭐ *Freilichtmuseum Vogts-*

bauernhof (130 A4) (🗺 E7) (Ende März– Anfang Nov. tgl. 9–18, Aug. bis 19 Uhr, Kassenschluss jeweils 1 Stunde früher | Eintritt 7 Euro | www.vogtsbauernhof.org) von Gutach (2200 Ew.) erwartet.

Zum original Vogtsbauernhof sind in den letzten 40 Jahren viele weitere Original-Schwarzwaldhöfe aus anderen Regionen dazugekommen, entweder nach- oder wieder aufgebaut. Jetzt stehen sie, jeweils mit allen Nebengebäuden, von der Hofkapelle über die Scheune, die Backstube, den Hühnerstall bis hin zum Leibgeding, dem Altersruhesitz des Altbauern, auf engstem Raum zusammen. Einmal im Monat bereiten die Landfrauen traditionelle Speisen zu. Täglich verschiedene Vorführungen alten Handwerks, bei denen Sie Töpfern, Drechslern, Strohflechtern, Seilern, Spinnerinnen, Schindelmachern, Schäppelmacherinnen und einer Bollenhutmacherin über die Schulter schauen dürfen. Zum Vogtsbauernhof gehört der Museumsgasthof *Hofengel (Ende März–Anfang Nov. tgl. 9–19 Uhr | €)*. Er ist oft überlaufen.

und ihren eigenen Schnaps. *12 km von Haslach*

HAUSACH (130 A3) *(ⓜ E7)*

Hausach (5800 Ew.) hat den Beinamen „Unter der Burg". Das geht zurück auf die *Burg Husen,* deren Ruine auf einem vorspringenden Bergrücken heute noch

Im Freilichtmuseum Vogtsbauernhof in Gutach werden Original-Schwarzwaldhöfe gesammelt

Wer nach dem Museumsbesuch noch einen kleinen Geschwindigkeitsrausch sucht, der findet ihn auf der *Rodelbahn Gutach (tgl. 9–18 Uhr | 2,50 Euro | Singersbach 4 | www.schwarzwaldrodelbahn. de)*. Zum Start der 300 m langen Coasterbahn transportiert Sie ein Lift, und von dort oben flitzen Sie dann buchstäblich auf Schienen zu Tal.

Ferien auf dem Bauernhof im malerischen *Peterhof (2 Apt. | Im Steinenbach 4 | Tel. 07833 3 10 | www.peterhof-gutach. de | €)* lohnen auch wegen des Fleischs der Angus-Rinder, die Familie Wälder züchtet. Außerdem verkauft sie Brot

über dem Ort thront. Der Turm ist frei zugänglich. Zu den ältesten Gebäuden der Stadt gehört die *Friedhofskirche,* die erstmals 1148 erwähnt wurde.

Mit viel Liebe zum Detail wurde die ● **INSIDER TIPP** Schwarzwald-Modellbahn auf einer 400 m² großen Anlage direkt gegenüber dem Bahnhof gestaltet. Originalgetreu sind die Bahnhöfe Hausach, Hornberg und Triberg nachgebaut. Immer wieder wird es dunkel in der Halle, das Nachtleben im Miniatur-Schwarzwald ist ein ganz besonders eindrucksvolles Spektakel *(April–Nov. Di–So 10–18, Dez.–März*

Di–So 11–17 Uhr | Eintritt 5 Euro | www.schwarzwald-modell-bahn.de).

Im Stadtteil Dorf bietet das neue Freilichtmuseum „Erzpoche" (jederzeit geöffnet | Eintritt frei) einen Einblick in die Mühsal des Bergbaus im Schwarzwald. Angeschlossen ist ein 10 km langer Bergbaupfad. Lohnend ist die Einkehr im entlegenen Höhengasthof *Käppelehof (Mo/Di geschl. | Osterbach 7 | im Ortsteil Einbach | Tel. 07831 4 59 und 07831 9 64 73 | www.kaeppelehof-hausach.de | €).* Dort bekommen Sie INSIDER TIPP heimischen Most aus dem Krug serviert, eine Rarität, die besonders gut zur legendären „Käppeleplatte" schmeckt, einer Schlachtplatte (nur im Herbst) mit Blut-, Leber- und Bratwurst aus eigener Schlachtung. Zur Wirtschaft gehört ein großer Biergarten. *6 km von Haslach*

HOFSTETTEN (129 F4) (*ɰ D7*)

Einen Abstecher nach Hofstetten (1700 Ew.) im Kinzigtal sollten Sie wegen des urigen 500 Jahre alten Gasthauses *Drei Schneeballen (Mo-Nachmittag und Di geschl. | Hauptstr. 11 | Tel. 07832 28 15 | €€)* und seiner Forellenspezialitäten machen. *9 km von Haslach*

OBERHARMERSBACH (130 A2) (*ɰ E6*)

Die Attraktion des Orts (2600 Ew.) ist der höchste Berg des mittleren Schwarzwalds, der Brandenkopf (934 m), auf dessen Gipfel ein steinerner ☆ Aussichtsturm zum Blick bis über die Rheinebene und zu den Vogesen einlädt. Wer zu Fuß aufgestiegen ist, findet Erholung in der *Berggaststätte Brandenkopf (Di–So 10–20 Uhr | Tel. 07831 61 49 | €)* direkt auf dem Gipfel. *17 km von Haslach*

OBERWOLFACH (130 B3) (*ɰ E7*)

Oberhalb des Orts (2700 Ew.) im Wald liegt das Besucherbergwerk *Grube Wenzel*, ein ehemaliges Silberbergwerk, das in einem rund 1 km langen Stollen besichtigt werden kann *(April–Okt. Di–So Führungen um 11, 13, 15 Uhr | Eintritt 5 Euro | www.grube-wenzel.de).* Das *Mineralienmuseum (Mai–Okt. tgl. 11–17, Mitte Dez–April tgl. 11–16 Uhr, Nov.–Mitte Dez. geschl. | Eintritt 3,50 Euro | www.mineralienmuseum.de)* zeigt eine regionale Sammlung und die besten Stücke aus der *Grube Clara* in Wolfach. *16 km von Haslach*

SCHENKENZELL (130 C3) (*ɰ F7*)

Ein Netz von Wanderwegen erschließt das liebliche Tal von Schenkenzell

Schiltach bietet eine schöne Altstadt, außergewöhnliche Museen und leckere Küche

(1800 Ew.), beliebt sind Radtouren zum nahen Stausee *Kleine Kinzig*. Am 7 km langen *Bergbaulehrpfad* sind am Wegesrand für geübte Sammler noch immer Mineralien zu finden. Architektonische Wahrzeichen sind die barocke *Klosterkirche Wittichen*, etwa 5 km von Schenkenzell entfernt, und die *Burgruine Schenkenburg*, 1534 niedergebrannt und seither nur noch von einem imposanten Bergfried vertreten. *29 km von Haslach*

SCHILTACH ● (130 B3) *(∅ F7)*

Schiltach (4000 Ew.) mit seiner denkmalgeschützten ⭐ *Altstadt* gilt als Stadt des Fachwerks, der Flößer und der Gerber. Hier steht ein Fachwerkhaus am anderen, unter anderem die letzte Gerberei des Schwarzwalds, und mitten drin das über 400 Jahre alte Rathaus. In der Silvesternacht ist das Dorfzentrum besonders eindrucksvoll, wenn die Straßenbeleuchtung erlischt und die Schiltacher mit Laternen um ca. 20.30 Uhr zum **INSIDER TIPP** Silvesterzug aufbrechen.

Die Museen von Schiltach sind einmalig, jedes auf seine Art. Das *Apothekermuseum (April–Mai Di–So 14.30–16.30, Juni–Okt Di–So 10.30–12 und 14.30–16.30 Uhr | Eintritt 2 Euro | am Marktplatz 5)* wurde in der ehemaligen Stadtapotheke eingerichtet. Original erhalten sind die biedermeierliche Wurzelholzausstattung und der Apothekerkeller mit Laboratorium und Destillationsanlage.

Im *Museum für Wasser, Bad und Design* der Firma Hans Grohe *(Mo–Fr 7.30–19, Sa/So 10–16 Uhr | Eintritt frei | Auestr. 9 | direkt beim Stammwerk)* verbirgt sich eine 150-jährige Kulturgeschichte des Badens, und Sie bekommen einen Überblick über die Geschichte des Sanitärhandwerks. Das *Museum am Markt (April–Okt. tgl. 11–17, Nov–Dez. Sa/ So 11–17*

Uhr | Marktplatz 13 | Eintritt frei) ist ein Stadtmuseum in einem dreistöckigen Altbürgerhaus. Hier gibt es eine Film- und Hörspielvorführung zum historischen Stadtbrand und zur Hexenverbrennung. Das *Schüttesägemuseum (April–Okt. tgl. 11–17, Maschinenvorführung Fr 15, Nov–Dez. Sa–So 11–17 Uhr | Eintritt frei | Hauptstr. 1)* präsentiert in zwei historischen Gebäuden an der Kinzig das Thema Holz in allen Facetten, vom alten Flößerhandwerk über die Sägetechniken bis hin zum Fachwerkbau und zur Rotgerberei.

Gastronomisch steht Schiltach für die Qual der Wahl. Der Gasthof *Zum weyßen Rössle (So ab 14 Uhr und Mo geschl. | Schenkenzeller Str. 42 | Tel. 07836 3 87 | €€)*, in 19. Generation (seit 1590) Familienbetrieb, ist bekannt für seine vorzügliche regionale Küche; das Hotel *(9 Zi. | www.weysses-roessle.de | €)* für das tolle Preis-Leistungs-Verhältnis. Der Flößergasthof *Zur Alten Brücke (Mi geschl. | Schrambergerstr. 13 | Tel. 07836 20 36 | www.altebruecke.de | €€)* ist für seine Maultaschen berühmt, die hier hausgemacht sind. Die INSIDER TIPP *Vesperstube Schwenkenhof (Di geschl. | 2 Apt. | im Ortsteil Hinterlehengericht | Tel. 07836 72 13 | www.schwenkenhof.de | €)* bietet außer Ferien auf dem Bauernhof auch erstklassige Hausmacher-Wurst, Schwarzwälder Schinken, Holzofenbrot und Apfelmost. *25 km von Haslach*

WOLFACH (130 B3) (*M E7*)

Das einstige Zentrum der Flößerei (5900 Ew.) im mittleren Schwarzwald ist heute vor allem wegen der Glasbläserei ★ ● *Dorotheenhütte* und ihrem *Glasmuseum (tgl. 9–16.30 Uhr, Führungen Mo 11, Do/So 14 Uhr | Glashüttenweg 4 | Eintritt 4 Euro | www.dorotheenhuette.de)* ein Begriff. Elegant zeigen die Glasbläser in der zum Erlebnispark angewachsenen Traditionswerkstatt ihre Kunst, lassen Übermütige selber ihre Vase (12 Euro) blasen. Angeschlossen ist ein ganzjähriger Weihnachtsmarkt.

Wolfach ist eine Hochburg der alemannischen Fasnet, mit vielen skurrilen Bräuchen, etwa dem Kaffeetantenumzug oder dem Wohlaufwecken. Dabei wird der „Wohlaufmann" in aller Frühe im rollenden Bett durch die Stadt gefahren, begleitet von Hunderten Narren in Nachthemden und Schlafanzügen, die einen Höllenlärm veranstalten, bis auch der letzte Wolfacher aus dem Bett gefallen ist. Das ganze Jahr über lohnt sich ein Bummel durch die stets hübsch hergerichtete Hauptstraße mit dem imposanten und mit bunten Bildern aus der Stadtgeschichte bemalten Rathaus von 1893. Nur die Autos nerven, die die Wolfacher nach wie vor durch ihr Zentrum lotsen.

Landesweit einmalig ist die *Mineralienhalde Grube Clara,* die an die örtliche Bergbautradition erinnert, und noch immer in Betrieb ist. Touristen dürfen aus dem Abraum gegen Gebühr INSIDER TIPP Mineralien sammeln, Kinder sich im Goldwaschen versuchen *(April–Okt Mo–Sa 9–17, Juli/Aug. auch So 10–17 Uhr | Erwachsene 12, Kinder 4,50 Euro | Kirnbacherstr. 3 | www.mineralienhalde.de)*. Feine badische Gastronomie (selbst gemachte Nudeln) bietet im Stadtzentrum der *Hecht (17 Zi. | Mo und Di-Abend geschl. | Hauptstr. 51 | Tel. 07834 5 38 | www.hecht-wolfach.de | €€)*, ein kleiner, gepflegter Gasthof, dessen gediegene Gaststube ein besonders einladendes Ambiente schafft. *13 km von Haslach*

ZELL AM HARMERSBACH (129 F3) (*M D6*)

Auch dieser Ort (8000 Ew.) beeindruckt durch seine malerischen Fachwerkensembles. Sehr viele Besucher aber kommen wegen der *Zeller Keramik GmbH (Be-*

sichtigung mit Fabrikverkauf tgl. 9–17.30, Jan.–März So nur 11–16 Uhr | Hauptstr. 2 | www.zeller-keramik.de), die das berühmte Hahn- und Henne-Geschirr herstellt. Neuerdings können Sie im Museumsshop selbst kreativ werden und die Keramik bemalen. Den Künstlerbedarf dafür legt man Ihnen vor Ort bereit.

Weitere Attraktion ist das *Storchenturmmuseum (April–Nov. Di–So 14–17 Uhr | Eintritt 2 Euro | www.storchenturm-museum.de)*, das Raritäten zeigt wie ein liebevoll gestaltetes Stadtmodell, einen finsteren Kerker und die Arme-Sünder-Glocke, die das letzte war, was manch ein Kerkerbewohner auf dem Weg zum Zeller Schafott zu hören bekam. *14 km von Haslach*

Von Zell aus lohnen sich weitere Ausflüge, etwa ins 6 km entfernte Wanderparadies *Nordrach* (2000 Ew.) mit seinem äußerst beliebten *Puppenmuseum (Juli–Mitte Sept. tgl. 14–17, Mitte Sept.–Juni Sa/So 14–17 Uhr | Im Dorf 76 | Eintritt 3,50 Euro)*, das rund 3500 Puppen in thematischen Szenen zeigt.

OFFENBURG

(129 E1) *(ſ️ D5–6)* **Die Metropole der Ortenau (59 000 Ew.) ist als Tourismuszentrum eher ungeeignet. Sie ist Wirtschaftsstandort, Verkehrsknotenpunkt, Verlags- und Messestandort und politisches Zentrum der Region.**

Namhafte Unternehmen wie Burda, Vivil oder Tesa haben hier ihren Sitz. Urlauber können von Offenburg aus die Umgebung erkunden.

SEHENSWERTES

FISCHMARKT
Zentral gelegener Marktplatz mit malerischem Gebäudeensemble, etwa der *Hirschapotheke* (1698), dem *Salzhaus* (1786) und dem *Löwenbrunnen* (1599).

Hähnchen Superstar: Das schwarze Federvieh aus Zell ziert Frühstückstische in aller Welt

CITY **WOHIN ZUERST?**

Fischmarkt: Er grenzt an die Fußgängerzone, und was es in der Stadt zu sehen gibt, liegt in unmittelbarer Nähe: Ritterhausmuseum, Salmen und Zwingerpark. Die nächstgelegene Bushaltestelle heißt *Rathaus* und ist nur wenige Schritte entfernt, der Hauptbahnhof liegt zwei Stationen weiter. Autofahrer finden zentral gelegene Parkhäuser (z. B. Sparkassengarage oder Marktplatz).

RITTERHAUSMUSEUM

Hier finden Sie Exponate zur Regionalgeschichte: Archäologie von der Steinzeit bis zu den Alemannen, Völkerkunde, Bergbau im Schwarzwald sowie eine Sonderabteilung zur badischen Revolution 1848/49. *Di–So 10–17 Uhr | Eintritt frei | Ritterstr. 10 | www.museum-offenburg.de*

SALMEN

In dem historischen Gasthaus Salmen wurde im Jahr 1847 die badische Revolution ausgerufen. 2002 wurde der Salmen als „Denkmal von nationaler Bedeutung" von Bundespräsident Johannes Rau der Öffentlichkeit übergeben. Es lohnt der touristische Rundgang durch die Räume (Biedermeiersaal, Salmensaal, ehemalige Synagoge). Besonderer Blickfang ist die *Empore der Erinnerung* mit zwei historischen Inszenierungen. Regelmäßig finden in den geschichtsträchtigen Räumen auch **INSIDER TIPP** Konzerte, Theater und andere kulturelle Veranstaltungen statt *(Informationen im Kulturbüro Offenburg | Weingartenstraße 34 | Tel. 0781 82 22 64 | www.kulturbuero.offenburg.de). Führungen nach Vereinbarung | Tel. 0781 82 24 60 | Eintritt frei | Lange Str. 54*

ZWINGERPARK

Eine der schönsten Parkanlagen Mittelbadens liegt wie eine Oase der Ruhe in der Altstadt von Offenburg und verzaubert durch kleine Teiche mit vielen Wasservögeln und durch den imposanten über hundertjährigen Baumbestand.

ESSEN & TRINKEN

BLUME

Romantisches Ambiente in einem schönen Fachwerkhaus aus dem 18. Jh. im Ortsteil Rammersweier. *So-Abend und Mo geschl. | Weinstr. 160 | Tel. 0781 3 36 66 | www.gasthof-blume.de | €€*

INSIDER TIPP BOMBAY

Fast schon mittelalterlicher Speisesaal mit dem wohl größten Spiegel der Stadt hinter der Bar, kleine Lounge-Ecken. Gute internationale Küche, preiswerter Mittagstisch, im Sommer Biergarten. *Sa-Mittag und So geschl. | Am Lindenplatz 12 | www.bombay-offenburg.de | €–€€*

AM ABEND

SCHÖLLMANN'S ☆

Schickes Penthouse-Restaurant über den Dächern der Altstadt. Die Bar ist groß, die Einrichtung geschmackvoll modern, die Cocktail- und Getränkekarte umfangreich. Große offene Dachterrasse für den Sommer. *tgl. | Hauptstr. 88 | www.schoellmanns.de*

ÜBERNACHTEN

SONNE

Das älteste Hotel der Stadt (seit 1350 nachgewiesen) in einem malerischen Altbau im Zentrum überzeugt durch seine Atmosphäre und eine regional ausgerichtete Speisekarte. Antiquitätenliebhaber werden das *Empire-* und das

Biedermeierzimmer zu schätzen wissen. *32 Zi. | Hauptstr. 94 | Tel. 0781 93 21 60 | www.hotel-sonne-offenburg.de | €–€€*

STADTINFORMATION
Am Fischmarkt 2 | Tel. 0781 82 20 00 | www.offenburg.de

ZIELE IN DER UMGEBUNG

DURBACH (129 E1) ( D5)
Der malerische Weinort (3900 Ew.) hat sich mit seinen Rebhängen die Ausläufer des Schwarzwalds hinaufgeschlichen. Darüber wacht das beliebe Ausflugsziel *Schloss Staufenberg.* **INSIDER TIPP** ==Der Wanderweg hinauf ist gesäumt von Esskastanienbäumen==, sodass es sich lohnt, im Herbst eine Tüte zum Sammeln mitzunehmen. Oben warten das *Markgräflich badische Weingut* mit Weinstube und Verkauf und die *Wein- und Vesperstube Schloss Staufenberg (März/April und Sept./Okt. tgl. 10–19 Uhr, Mai–Aug. 10–* *Sonnenuntergang | Tel. 0781 9 66 41 65 | www.weinstube-schloss-staufenberg.de | €)* mit Sonnenterrasse und weitem Blick in die Ortenau.

In Durbach finden Sie auch das *Weingut Alexander Laible.* Inhaber Laible ist Deutschlands bester Jungwinzer *(Mo–Fr 14–18, Sa 9–12 und 14–17 Uhr sowie nach Vereinbarung | Unterweiler 48 | Tel. 0781 2 84 23 80 | www.weingut-alexanderlaible.de | €€).* Wer sich etwas Gutes tun will, bucht seine Übernachtung im unlängst neu gestalteten *Hotel Ritter (60 Zi. | Tal 1 | Tel. 0781 9 32 30 | www.ritter-durbach.de | €€€),* das mit einladendem Spa und einer ausgezeichneten Küche im *Wilden Ritter (1 Michelin-Stern | Mo geschl. | €€€)* verwöhnt. Ein besonderes Schmankerl: Auf Wunsch organisiert das Hotel Ihnen einen Oldtimer für einen Nostalgie-Trip durch die Reben. *8 km von Offenburg*

GENGENBACH (129 E2) ( D6)
Teile der mittelalterlichen Stadtbefestigung von Gengenbach (11100 Ew.) sind

Mustergültiger Weinanbau in Durbach

Auch einen ausführlichen Rundgang wert: die Basilika von Gengenbach

noch erhalten, etwa das *Schwedentor*, das *Kinzigtor* (14 Jh.) mit seinem pyramidenartigen Glockentürmchen, der *Niggelturm* mit *Narrenmusem (April–Okt. Mi/Sa 14–17, So 11–17, 30. Nov–23. Dez. tgl. 16–19 Uhr Uhr | Eintritt 2,50 Euro | www.narrenzunft-gengenbach.de)* und das *Haigeracher Tor*. Auf dem Marktbrunnen von 1582 steht stolz das Standbild eines geharnischten Wappenträgers. Winklig und ineinander verschachtelt sind die Fachwerkhäuschen in der *Engel-* und *Höllengasse.*

In einem 20-minütigen Spaziergang erreicht man das ☙ *Bergle,* von dem sich ein schöner Panoramablick auf das ganze Städtchen bietet. Im *Strohhof (Ostern–Okt. Sa–Mi 12–22 Uhr, sonst nur Sa/ So | Tel. 07803 3713 | €),* einem alten Schwarzwaldhof im gleichnamigen Ortsteil (etwa 2,5 km außerhalb), vespern Sie in uriger Umgebung. Besonders empfehlenswert: selbst gemachter Schafs- und Ziegenkäse und Beerenwein. *11 km von Offenburg*

LAHR (129 D3) *(ᗩ C6–7)*

Die Stadt (43 800 Ew.) hält seit 1215 die Stellung am Ausgang des Schuttertals in die Rheinebene. Als industrielles Mittelzentrum überrascht sie mit spätbarocken und klassizistischen Straßenzügen, im Herbst mit unnachahmlicher Chrysanthemenpracht, außerdem mit dem kleinen tropischen *Stadtpark*, in dem Tulpen- und Trompetenbäume, Mammutbäume und zahlreiche Kakteenarten an einen karibischen Hotelpark erinnern. Bodenständiger ist der *Storchenturm,* das Wahrzeichen der Stadt aus dem 13. Jh. In Lahr pflegt man einen abwechslungsreichen Kulturbetrieb; was gerade an Konzerten, Theateraufführungen und weiteren Veranstaltungen stattfindet, erfahren Sie im *KulTourBüro* im alten Rathaus *(Di–Fr 10–16.30, Sa 10–13 Uhr | Kaiserstr. 1 | Tel. 07821 95 02 10 | www.populahr.de).*

In der Großdisko *Universal Dog (Fr, Sa ab 21 Uhr | Fritz-Rinderspacher-Str. 1 | www. universaldog.de)* auf dem ehemaligen Militärflugplatz trifft sich die Jugend der

Region. Hier werden sehr viele Liveauftritte mit Bands aller Musikrichtungen geboten.

OBERKIRCH (126 A6) (🗺 D5)

Oberkirch (20 000 Ew.) im unteren Renchtal gehört zu den größeren Wein- und Schnapsorten in der Ortenau. Das *Tourist-Info-Büro (Bahnhofstraße 16 | Tel. 07802 8 26 00 | www.oberkirch.de)* vermittelt Brennereibesichtigungen. Der Barockdichter Hans Jakob Christoffel von Grimmelshausen war in Oberkirch zu Hause und schrieb hier „Der abentheuerliche Simplicius Simplicissimus". Das *Grimmelshausenmuseum (So 10–12.30 und 14–17 Uhr | Hauptstraße 32 | Eintritt frei)* hält mit teuren Erstausgaben und vielen Exponaten zur badischen Geschichte und zum Alltagsleben in der Ortenau die Erinnerung an den berühmten Sohn der Stadt wach. Eine empfehlenswerte Einkehr direkt im Zentrum: das *Barrique.* In der gemütlichen Weinstube sitzen Sie wie in einem urigen Keller, das Weinangebot reicht von feinen regionalen Tropfen, die im Vordergrund stehen, bis hin zu internationalen. Die Speisekarte listet herzhaft-heimische Vespereien *(€)* und warme Hauptgerichte auf, die bestens mit dem Wein harmonieren. Im Sommer auch im Freien *(Mo geschl. | Kirchplatz 1a | Tel. 07802 70 68 60 | www.barrique-oberkirch.de | €€).*

Schönes Ausflugsziel ist oberhalb der Stadt die *Burgruine Schauenburg*, wo der Sage nach einst der Ritter Hagelsbach nicht durchs Verliesloch passte, weil er zu viel Wein getrunken hatte. Ein Tipp für den Abend ist die vielseitige Freilicht- und Kleinkunstbühne im „Freche Hus", einem historischen Bau direkt an der Stadtmauer, von einem privaten Verein betrieben. *19 km von Offenburg*

RUST (128 C4) (🗺 B–C7)

Obwohl der kleine Ort selbst nicht mehr im Schwarzwald liegt, ist Rust (3600 Ew.) doch ein Muss für viele Schwarzwaldurlauber. Das Dorf lockt jährlich über 4 Mio. Besucher an. Schuld daran ist der größte Freizeitpark Deutschlands, der ⭐ *Europapark Rust (April–Anfang Nov. tgl. 9–18, Dez. tgl. 11–19 Uhr | Tel. (*) 01805*

Im Europapark Rust gibt es Herausforderungen für fast jedes Nervenkostüm von zart bis zäh

77 66 88 | www.europapark.de | Eintritt 36, Kinder zwischen 4 und 11 Jahren 32 Euro).

73 m hoch, 130 km/h schnell, vier Minuten Fahrzeit, das ist die Achterbahn *Silver Star* – ein wahnwitziger Thriller auf Stelzen. Konkurrenz macht ihr das Looping- und Schrauben-Wunder *Blue Fire*. Wildwasserbahnen, Fjordrafting, die Achterbahnen *Matterhorn-Blitz* und *Euro-Mir,* Eisshows, ein mittelalterliches Ritterspektakel, Piratenhöhlen, Märchenwelten – ein Tag reicht kaum aus, um alles zu erleben, was in dieser Zauber- und Abenteuerwelt geboten wird. Darum bleiben immer mehr Gäste über Nacht, entweder im Hotel *El Andaluz* (192 Zi. | €€€), im *Castillo Alcazar* (120 Zi. | €€€), im *Hotel Colosseo* (328 Zi., 22 Suiten | €€€) oder im *Santa Isabel* (66 Zi. | €€€). Ganz neu ist das *Hotel Bell Rock* im maritimen US-Ostküsten-Style samt Leuchtturm und Stockbetten aus Paddelbooten *(189 Zi., 35 Suiten | €€€)*. Etwas preiswerter nächtigen Sie im *Wild-West-Camp Resort,* wo Sie im Indianerzelt, im Planwagen oder in einer Blockhütte schlafen (Preise je nach

Belegung). Darüber hinaus verfügt der Park über einen Campingplatz. *Tel. Info/ Buchung für alle Hotels: Tel. 07822 86 00 | www.europapark.de.*

Günstige Übernachtungsmöglichkeiten und teilweise sehr hübsche Ferienwohnungen im Ort Rust vermittelt die Tourist-Info *(Mo/Di/Do 8.30–12 und 14–16, Mi 8.30–12 und 14–18, Fr 8.30–12 Uhr | Tel. 07822 86 45 20 | Fischerstr. 51 | www. rust.de). 19 km von Offenburg*

SEELBACH (129 E3) (ᗰ D7)

Über dem Ort Seelbach (5000 Ew.) thront die *Burgruine Hohengeroldseck*, älteste Burg im Schuttertal. Informationen zu Führungen gibt es in der *Tourist-Info (Tel. 07823 94 94 52 | www. seelbach-online.de).* Im Litschental liegt die berühmte, seit 1280 nachgewiesene *Geroldsecker Waffenschmiede (Führung Ostern–Okt. Sa 15.30 Uhr und nach Anmeldung | Tel. 07823 22 70 | Litschental 111a | Eintritt 2,50 Euro)*, in der Repliken historischer Waffen verkauft werden. Ein *Abenteuer-Hochseilgarten (nur nach Anmeldung für Gruppen ab 5 Personen | Tel. 0171 2 14 10 44 | Halbtagsticket 42 Euro | www.adventure-trail.de)* sorgt für Nervenkitzel und sportliche Herausforderung.

ST. GEORGEN

(130 B5) (ᗰ F8) **Dieses kleine Industriestädtchen (13 100 Ew.) am rauen Ostrand des Schwarzwalds ist als fast 1000 m hoch gelegene sonnige Bergstadt ein idealer Ausgangspunkt für Langlauftouren im Winter und Wanderungen im Sommer.**

Auf insgesamt 40 km Wegen bewegt sich der Wanderer auf dem schmalen Grat der europäischen Rhein-Donau-Wasserscheide.

ST. GEORGEN

SEHENSWERTES

DEUTSCHES PHONOMUSEUM

In der Stadt hatte der ehemalige Plattenspieler-Hersteller *Dual* seinen Firmensitz, weshalb dieses Museum entstand. Es präsentiert in einem Einführungsfilm die Phono-Geschichte, anschließend können Sie unter anderem gewaltige Grammophone bestaunen. Für gehobene Stimmung im Museum sorgt die eine oder andere – nach wie vor voll funktionstüchtige – historische Jukebox. *Di–Fr 10–17, Sa/So 11–17 Uhr | Eintritt 4 Euro | Bärenplatz 1 | www.deutsches-phono-museum.de*

KOBISENMÜHLE

In dieser restaurierten Hofmühle (15. Jh.) werden das Schwarzwälder Müllerhandwerk und bei Vorführungen die unterschiedlichen Arten der Getreideverarbeitung präsentiert. *Mai–Okt. jeden 2. So im Monat 14–17 Uhr | Eintritt 2 Euro | Oberkirnach | Im Hippengehr 3*

KUNSTRAUM GRÄSSLIN

Die ortsansässige Unternehmer-Dynastie Grässlin sammelt seit Jahrzehnten Gegenwartskunst: Installationen, Skulpturen und Malerei. Um 14 Uhr führt ein Kunsthistoriker durch die Ausstellung. Zum Museum gehört das junge, gut besuchte Restaurant *Kippys (Mo und Mi–Fr 9–14.30 und 17–24, Di 9–14.30, Sept.–Juli auch Sa/So 11.30–18 Uhr | www.kippys.net | €–€€)* mit offener Küche, in dem sich ebenfalls Kunstwerke bestaunen lassen. *Sa/So 12–18 Uhr, Aug. geschl. | Eintritt 5 Euro | Museumsstr. 2 | www.sammlung-graesslin.eu*

MUSEUM SCHWARZES TOR

Heimatmuseum in einem Bauernhaus aus dem 19. Jh. mitten in der Stadt. Eine originalgetreu nachgebaute Uhrmacherwerkstatt vermittelt einen Eindruck vom Tüftlertreiben der früheren Schwarzwälder Handwerker. *Mai–Sept. Sa 13–16, ab Juni Di 9.30 Uhr Sonderführung, Okt.–April jeden 1. Sa im Monat 13–16 Uhr | Eintritt 2 Euro | Bahnhofstr. 37*

ESSEN & TRINKEN

HOTEL CAFÉ SCHOREN

Die beliebte Adresse am Stadtrand wurde mit viel Holz, Glas und Zeitgeist gestaltet. Die Obst- und Schokokuchen sind hausgemacht, zusätzlich gibt es auch eine Vesperkarte und warme Küche. Der Service kommt freundlich an den Tisch und hat offensichtlich Freude an der Arbeit. Die neun Zimmer *(€)* entsprechen stilistisch dem Rest des Hauses. Da es aber an einer recht rege befahrenen Straße liegt, empfiehlt sich ein Zimmer auf der Gebäuderückseite – direkt am Waldrand. *So–Fr 14.15–18 Uhr | Am Schoren 3 | Tel. 07725 72 17 | www.das-roessle.de | €*

EINKAUFEN

INSIDER TIPP SCHWARZWÄLDER GENUSSWERKSTATT ●

Die Pralinen, Schokoladen, Marmeladen und Chutneys dieser Confiserie sind hausgemacht und allesamt eine Sünde wert. Kleine Probierecke, in der auch Kaffee-Spezialitäten serviert werden. *Mo–Fr 9–12.30 und 14.30 bis 18, Sa 9–12.30 Uhr | Bärenplatz 12 | www.schwarzwaelder-genusswerkstatt.com*

ÜBERNACHTEN

HOTEL KAMMERER

Dieses modern ausgestattete Haus liegt zentral im Ort. Eine gemütliche Bistrobar *(Mo–Do)* lässt die Abende lang werden. *22 Zi. | Hauptstr. 23 | Tel. 07724 9 39 20 | www.hotel-kammerer.de | €*

AUSKUNFT

VERKEHRSAMT
Hauptstr. 9 | Tel. 07724 8 71 94 | www. st-georgen.de

ZIELE IN DER UMGEBUNG

HORNBERG (130 B4) (*E8*)
Eisenbahnfreunde bestaunen in Hornberg (4400 Ew.) ein imposantes Bau-

ROTTWEIL (131 D–E5) (*G–H8*)
Als älteste Stadt Baden-Württembergs, mit Siedlungsspuren bis weit zurück in das Jahr 2000 v. Chr., hat Rottweil (27 500 Ew.) an den äußersten östlichen Ausläufern des Schwarzwalds vor allem eine Menge Geschichte zu bieten. Wenn Sie die Stadt außerhalb der wilden Fasnachtstage besuchen, ist die größte Sehenswürdigkeit die historische *Altstadt* mit ihren malerischen Häuserfronten,

Vorsicht, Ausnahmezustand! Während der Fasnet geht es in Rottweil ziemlich wild zu

werk der Schwarzwaldbahn, das gewaltige *Viadukt* über das Gutachtal. Es ist 150 m lang und 15 m hoch. Sieben Bögen aus Granitquadern spannen sich über die Schlucht. Deutschlands einzige Schule für Pilzkunde, die *Schwarzwälder Pilzlehrschau (Juli–Okt Sa 16–18 Uhr kostenlose Pilzberatung | umfangreiches Seminarprogramm von Frühling bis Herbst | Werderstr. 17 | Tel. 07833 63 00 | www. pilzzentrum.de)*, ist hier zu Hause. *25 km von St. Georgen*

der barocken *Predigerkirche* und dem *Heiligkreuzmünster,* das sich dem natürlichen Gefälle der Stadt angleicht und vom Portal bis hin zum Altar um ganze 1,40 m abfällt. Das *Stadtmuseum* in der oberen Hauptstraße *(Di–So 14–16 Uhr | Eintritt 2 Euro)*, das *Freilichtmuseum Römerbad* in der Hölderstraße *(frei zugänglich)*, das *Dominikanermuseum (Di–So 10–17 Uhr | Eintritt 3 Euro | Am Kriegsdamm | www.dominikanermuseum. de)* und das *Salinenmuseum (Mai–Sept.*

So 14.30–17 Uhr und nach Vereinbarung | Tel. 0741 4 38 22 | Eintritt 1 Euro | Unteres Bohrhaus | Primtalstr. 19) führen in die Stadtgeschichte ein.

Prächtige Aussichten über die Giebellandschaft der Altstadt bietet der 54 m hohe ☀ **Hochturm** *(Schlüssel in der Touristen-Information | April–Sept. Mo–Fr 9.30–17.30, Sa 9.30 –12.30, Okt–März Mo–Fr 9.30–12.30 und 14–17 Uhr | Hauptstr. 21–23 | außerhalb der Öffnungszeiten*

Malerischer Sturz – sommers wie winters: Triberger Wasserfälle

der Tourist-Information bekommen Sie den Schlüssel im Dominikanermuseum | Eintritt 1 Euro pro Schlüssel). 45 km von St. Georgen

SCHONACH (130 A5) (📖 E8)

Im Skidorf Schonach (4200 Ew.) befindet sich die einstmals größte Kuckucksuhr der Welt (die größte finden Sie inzwischen in Triberg) bei *Familie Dold (tgl. 9–18 Uhr | Eintritt 1,20 Euro | Untertalstr. 28 | www.1weltgroesstekuckucksuhr.de)*, wo das 3,10 mal 3,60 m große Uhrwerk in einem 7 m breiten Schwarzwaldhaus untergebracht ist. Wer den Ruf des Kuckucks länger genießen möchte: Direkt nebenan vermietet die Familie auch Ferienwohnungen. Gute Einkaufsmöglichkeiten bietet die ● Schwarzwalduhrenmanufaktur *Rombach & Haas (Fabrikverkauf Mo–Fr 7.30–12 und 13–17, Sa 9–12 Uhr | Sommerbergstr. 2 | www.black-forest-clock.de)*, die seit 2006 auch **INSIDER TIPP** moderne, aber dennoch original Kuckucksuhren fertigt. Im Winter wird Schonach mit seinem und dem umliegenden Loipennetz zum märchenhaften Wintersportzentrum. *13 km von St. Georgen*

TRIBERG (130 B5) (📖 E8)

In Triberg (5200 Ew.) locken die ⭐ *Triberger Wasserfälle*, eins der schönsten Naturwunder Deutschlands, in der Hochsaison täglich Zehntausende von Touristen an. Entsprechend überlaufen und vollgestopft mit Buden und Souvenirshops ist das Ortszentrum. Deutschlands höchste Wasserfälle stürzen über sieben Kaskaden 163 m in die Tiefe. Es gibt die Wasserfälle aber auch ganz anders, nämlich märchenhaft verzaubert, glitzernd und fast menschenleer: **INSIDER TIPP** im Winter, wenn der Frost einen Eispalast aus ihnen zaubert, ein echtes Naturwunder.

Den Münsterbrunnen in Villingen zieren bronzene Figuren

Viele Sommertouristen versäumen vor lauter Wasserfall auch das Kleinod *Maria in der Tanne,* eine Wallfahrtskirche aus dem 18. Jh., in der eine geschnitzte Madonna von 1645 steht. Sehr schön unter kommen Sie im 400 Jahre alten *Parkhotel Wehrle (50 Zi. | Gartenstr. 24 | Tel. 07722 8 60 20 | www. parkhotel-wehrle.de | €€€)* mit seinem großen Spa-Bereich. Im Ortsteil Schonachbach tickt die mittlerweile größte Kuckucksuhr der Welt im *Eble-Uhren-Park (Ostern–Okt. Mo–Sa 9–18, So 10–18, Nov.–Ostern Mo–Sa 9–17.30, So 11–17 Uhr | Eintritt 2 Euro | Schonachbach 27 | www.uhren-park.de).* Das Uhrwerk misst stolze 4,5 mal 4,5 m und wiegt 6 t. *26 km von St. Georgen*

VILLINGEN (130 C6) (*F–G9*)
Der Stadtkern von Villingen (82 000 Ew.) lohnt wegen seiner vielen denkmalgeschützten historischen Gebäude einen ausführlichen Rundgang *(Führungen Mi 15, Sa 14 Uhr | 3,50 Euro | zusätzliche Themenführungen an einzelnen Terminen nach Anmeldung | Touristen-Info | Rietgasse 2 | Tel. 07721 82 23 40 | www.villingen-schwenningen.de).* Die wichtigsten Sehenswürdigkeiten findet man aber auch leicht selbst: am Münsterplatz das *Münster Unserer Lieben Frau* (12. Jh.) mit zwei unterschiedlichen Türmen aus dem 15. und 16. Jh., außerdem das *Alte Rathaus,* im Renaissancestil 1534 erbaut, ebenfalls am Münsterplatz. Weiterhin sehenswert sind der *Rademacherbrunnen* in der Rietstraße, der bronzene *Münsterbrunnen,* das ehemalige *Benediktinerkloster* in der Schulgasse und das ehemalige *Franziskanerkloster* in der Rietgasse. Die Fundstücke im dortigen *Museum (Di–Sa 13–17, So 11–17 Uhr | Eintritt 3 Euro)* stammen aus den Grabhügeln (700–300 v. Chr.), die man außerhalb Villingens auf dem Magdalenenberg gefunden hat. *17 km von St. Georgen*

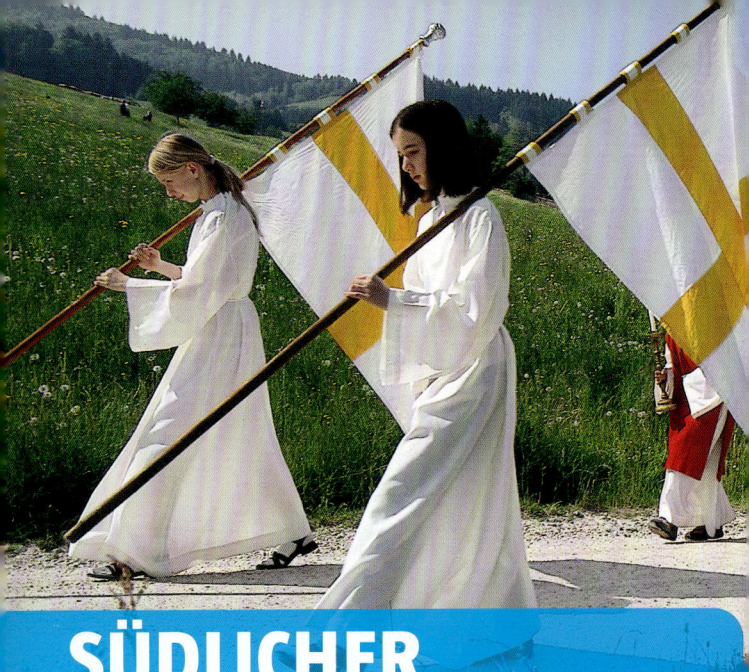

SÜDLICHER SCHWARZWALD

Auch der Südschwarzwald, der komplett als *Naturpark Südschwarzwald* unter Naturschutz steht, hat seinen ganz eigenen Charakter. Mild, südländisch und sonnenverwöhnt an seinen Ausläufern zum Rheintal hin, herzhaft, verschroben und weltabgeschieden in seinen winkligen Tälern und abenteuerlichen Schluchten. Die Nähe zur Schweiz zeigt sich in der Mundart, die Nähe zum Elsass in der Küche. Die strahlende Metropole des Südschwarzwalds heißt Freiburg.

FREIBURG

KARTE IM HINTEREN UMSCHLAG (133 D1) (*M C9–10*) **In Freiburg (220 000 Ew.) kommen südländisches** **Flair und badische Gemütlichkeit zusammen.** Durch die vorbildlich restaurierte historische Altstadt plätschern die mittelalterlichen *Bächle* (offene Kanäle, 50 cm breit und 20 cm tief, durch die einst das Abwasser floss), Studenten bummeln über den phantastischen Münsterplatz; draußen an der Dreisam joggt der SC Freiburg; im Gewerbegebiet Haid mit avantgardistischen Industriebauten sitzen die Tüftler der Solarfabrik; in den westlichen Stadtteilen St. Georgen, Lehen und Opfingen diskutieren die Alteingesessenen die Qualität des Weinjahrgangs und neue Spargelrezepte. Einen grandiosen Rundblick auf diese Perle haben Sie vom Riesenaussichtsturm auf dem Schlossberg.

Bild: Feldprozession des St. Trudpert Klosters im Münstertal

Von der Sonne verwöhnt: Im schluchten-
reichen Südschwarzwald locken gute
Wanderluft und badische Weine

WOHIN ZUERST?

Altstadt: Von Münster-, Au-
gustiner- oder Rathausplatz aus sind
alle Sehenswürdigkeiten und die
Einkaufsmeile Kaiser-Joseph-Straße
zu Fuß zu erreichen. Ringsum gibt es
Parkhäuser (z. B. Uni-Parkhaus und
Rotteckgarage). Stressfreier geht's
per Straßenbahn bis zum zentralen
„Bertoldsbrunnen", zwei Stationen
nach dem Hauptbahnhof.

SEHENSWERTES

ALTSTADT

Freiburgs komplette Altstadt ist als Fußgängerzone ausgewiesen, fast alle Straßen und Gässchen, ebenso der zentrale
Münsterplatz sind nach historischem
Vorbild mit Rheinkiesel gepflastert. Sie
treffen an jeder Ecke auf geschichts-
trächtige Gebäude – das Martinstor und
das Schwabentor sind als Reste der historischen Stadtbefestigung besonders
markant. Vom Schwabentor aus gelangt

man rechts in die obere Altstadt, in der in schmalen Gassen ein krummes Haus am anderen klebt. Nach links folgt man dem Gewerbekanal in die Gerberau und Fischerau, einstige Handwerkerviertel, in denen jetzt schöne Läden, kleine Cafés und Kneipen locken. Betreten Sie die Altstadt durch das Martinstor, dann landen

Das Münster selbst, eine vollendete Komposition aus gotischer und romanischer Architektur, ist mehr als 700 Jahre alt, der Turm mit seinem luftigen achteckigen Oberbau gilt als Höhepunkt gotischer Baukunst in Deutschland. Das ganze Münster ist überaus reich mit Skulpturen besetzt, darunter die typi-

Umrunden Sie das Freiburger Münster und studieren Sie den reichen Skulpturenschmuck

Sie direkt in der Haupteinkaufsmeile, der Kaiser-Joseph-Straße.

AUGUSTINERMUSEUM

Das größte Museum der Stadt zeigt mittelalterliche Kunst und Malerei des 19. Jhs. Darunter sind aber auch Meisterwerke von Lucas Cranach dem Älteren, Hans Baldung Grien, Matthias Grünewald sowie Hans Thoma. *Di–So 10–17 Uhr | Eintritt 6 Euro | Augustinerplatz 1–3*

MÜNSTER ★ ☀

116 m hoch ragt das Wahrzeichen Freiburgs, der Münsterturm, in den Himmel.

schen skurrilen Wasserspeier mit ihren vielfältigen dämonischen Fratzen. An der prachtvollen Glaskunst in den Münsterfenstern zeigt sich Freiburgs einstiger Silberreichtum. Tägliche Führung um 14 Uhr *(www.freiburgermuenster.info)*. Auch der Münsterturm ist begehbar *(Di–Sa 9.30–17, So 13–17 Uhr | Eintritt 1,50 Euro)* und bietet eine phantastische Aussicht über die ganze Stadt, den Kaiserstuhl und die Rheinebene.

Der malerische Münsterplatz (essen Sie unbedingt eine Bratwurst **INSIDER TIPP** *Lange Rote* an einer der Buden) wird gesäumt von sehenswerten Bauten, darunter das historische Kaufhaus, das Kornhaus, die Alte Wache.

MUSEUM FÜR UR- UND FRÜHGESCHICHTE

Im schönen Colombi-Schlössle am Altstadtrand schlummern Schätze aus der Römer- und Alemannenzeit am südlichen Oberrhein. Unbedingt anschauen: die INSIDER TIPP Neufundvitrine. Dort werden stets die Funde aus aktuellen archäologischen Ausgrabungen in der Region gezeigt. *Di–So 10–17 Uhr | Eintritt 3 Euro | Rotteckring 5*

NATURMUSEUM

Wie und wann entwickelte sich das Leben in den Regionen auf unserem Planeten? Dieser Frage stellt sich im einstigen Adelhausermuseum die ganz neu gestaltete Ausstellung, die in den kommenden Jahren noch erweitert werden soll. Wechselnde Sonderausstellungen. *Di–So 10–17 Uhr | Eintritt 3 Euro | Gerberau 32*

ESSEN & TRINKEN

ZIRBELSTUBE

Das mit einem Michelin-Stern ausgezeichnete Restaurant im Hotel Colombi ist die führende gastronomische Adresse Freiburgs. *So geschl. | Rotteckring 16 | Tel. 0761 2 10 60 | www.colombi.de | €€€*

D.O.C

Das Antipastiparadies in der Innenstadt bietet meisterhafte Risottovariationen. *Mo 11–14.30, Di–Sa 11–14.30, 18.30–23 Uhr | Gerberau 9 | www.doc-osteria.de | €€*

INSIDER TIPP DREXLERS

Der kulinarische Ableger einer alteingesessenen Freiburger Weinhandlung serviert saisonale, frische Küche in modernem Bistro-Ambiente. Entsprechend großes Weinangebot mit kompetenter Beratung. *So und Sa-Mittag geschl. | Tel. 0761 5 95 72 03 | Rosastr. 9 | www.drexlers-restaurant.de | €€–€€€*

FEIERLING

Die kleine Brauerei direkt am Augustinerplatz (gegenüber liegt ein großer Kinderspielplatz) empfängt Sie das ganze Jahr über mit ihrem naturtrüben *Inselhopf*. Das Angebot aus der Küche tritt damit in herzhafte Korrespondenz. Besonders beliebt ist im Sommer der große Biergarten unter Kastanien *(März–Herbst, je nach Witterung)*. *tgl. | Gerberau 46 | Tel. 0761 24 34 80 | www.feierling.de | €*

MARCO POLO HIGHLIGHTS

★ **Münster**
Der schönste Turm der ganzen Christenheit steht in Freiburg → S. 70

★ **Schauinsland**
Das Sonnenkind unter den Schwarzwaldbergen → S. 74

★ **Dom St. Blasien**
Die mächtige Kirchenkuppel in blendendem Weiß spielt geschickt mit Symmetrien → S. 79

★ **Hasenhorn**
Spannende Talfahrten für Rodler, Mountainbiker und Zauberlehrlinge → S. 82

★ **Waldkirch**
Die Orgelstadt lockt mit konventionellen und modernen Tönen → S. 83

★ **Deutsches Uhrenmuseum**
So tickt der Schwarzwald – in Furtwangen → S. 85

INSIDER TIPP ▶ **ST. VALENTIN**

Die Ausflugswirtschaft (seit dem 16. Jh.) liegt versteckt im Wald im Stadtteil Günterstal (an der Straße zum Schauinsland am Ortsausgang links ausgeschildert). Ein still gelegenes Fleckchen mit viel Platz auf der Terrasse und einer gemütlichen Stube. Berühmt sind die Pfannkuchen-Spezialitäten des Hauses, in der Saison auch Wild. Nachmittags Kaffee und Kuchen. *Mo–Mittag geschl. | Valentinstraße 100 | Tel. 0761 7 07 77 48 | www.sanktvalentin.eu | €€*

MARKTHALLE

Dieses Schlemmerzentrum in der Fußgängerzone ist eine Art Gastrobasar mit über 20 Ständen in den Hallen einer ehemaligen Druckerei. *Geöffnet zu den üblichen Ladenzeiten | Zugang über Kaiser-Joseph-Str./Martinstor oder Grünwälderstr.*

EINKAUFEN

KAISER-JOSEPH-STRASSE

Trotz Kaufhaus- und Handelskettendominanz ist die Freiburger Fußgängerzone mit ihren zahlreichen kleinen Querstraßen immer noch Südbadens interessanteste Einkaufsmeile.

MÜNSTERMARKT

Wer wissen will, wie Südbaden schmeckt, der findet hier die ganze Palette heimischer Erzeugnisse: Obst, Gemüse, Fleisch, Wein, Schnäpse, Kräuter und Kunsthandwerk. *Mo–Sa 9–13 Uhr*

FREIZEIT & SPORT

EIGER NORD

Über 100 Routen in unterschiedlichen Schwierigkeitsgraden bietet die Kletterhalle *Eiger Nord*. Eine Adresse für Anfänger und Asse gleichermaßen. Zusätzliche 250 m² große Boulderwand. *Mo–Fr 8–23, Sa/So 10–21 Uhr | Eintritt ab 9 Euro | Hans-Bunte-Str. 10a | Tel. 0761 5 56 27 01 | www.eigernord.de*

AM ABEND

SCHLAPPEN

Wenn ältere Studenten den Erstsemestlern die Kneipenszene zeigen wollen, starten sie hier. Jahre später begießen sie alle ihren Abschluss wieder hier. Die Freiburger Kultkneipe mit großer Whisky-, kleiner Speisekarte und dem berühmtesten Herren-Pissoir der Stadt – einem riesigen Spiegel. *So–Mi 11–1, Do 11–2, Fr/Sa 11–3 Uhr | Löwenstr. 2 | www.schlappen.com*

HEMINGWAY ●

Die Cocktailbar im Hotel Victoria ist Sammelbecken für alle Nachtschwärmer. Im Keller darunter befindet sich die **INSIDER TIPP** ▶ Smoker Lounge für die Zigarrenfreunde. *tgl. 18–2 Uhr | Eisenbahnstr. 54 | www.hemingway-freiburg.de*

JAZZHAUS

Die Jazzkellerkneipe im einzigartigen Backsteingewölbe bietet wechselndes Liveprogramm. *Variierende Öffnungszeiten | Schnewlinstr. 1 | www.jazzhaus.de*

KONZERTHAUS

Große Galaabende, philharmonische Konzerte und Musicals – Weltstars gehen ein und aus. Das Konzerthaus ist Freiburgs große Showbühne im futuristischen Betonbau am Hauptbahnhof. *Konrad-Adenauer-Platz 1 | Tel. 0761 3 88 11 50*

ÜBERNACHTEN

ALLEEHAUS

Hotel garni, zentral, aber trotzdem sehr ruhig gelegen. Opulentes Frühstück. *19 Zi. | Marienstr. 7 | Tel. 0761 38 76 00 | www.hotel-alleehaus.de | €€*

BEST WESTERN PREMIER HOTEL VICTORIA

Wegen seiner umweltbewussten Energie-, Einkaufs- und Abfallwirtschaft hat dieses Haus in der Nähe des Bahnhofs schon mehrere Ökopreise gewonnen. *66 Zi. | Eisenbahnstr. 54 | Tel. 0761 20 73 40 | www.hotel-victoria.de | €€€*

ZUM ROTEN BÄREN

Deutschlands ältester Gasthof – der erste Wirt empfing hier bereits 1311 seine Gäste – liegt mitten in der Altstadt und hat sich im Laufe der Jahrhunderte zu einer feinen Adresse gemausert. *25 Zi. | Oberlinden 12 | Tel. 0761 38 78 70 | www.roter-baeren.de | €€€*

Kein Fachwerk, keine Fichte: Der Schwarzwald kann auch anders – wie beim Konzerthaus

INSIDER TIPP HOTEL HELENE

Das leuchtend rot gestrichene Haus liegt im Stadtteil Haslach. Die Zimmer sind einfach ausgestattet, aber sauber. Wer in Freiburg eine günstige Adresse sucht, in der man ruhigen und erholsamen Schlaf, ein gutes Frühstück und sonst keinen Schnickschnack findet, verweilt hier goldrichtig. Die Straßenbahnhaltestelle Scherrerplatz ist 5 Fußminuten entfernt, die Linie 5 (Richtung Hornusstraße) bringt Sie in 10 Minuten ins Stadtzentrum. *30 Zi. | Staufener Str. 46 | Tel. 0761 45 21 00 | www.hotel-helene-freiburg.de | €*

AUSKUNFT

TOURIST INFORMATION FREIBURG
Rathausplatz 2–4 | Tel. 0761 3 88 18 80 | www.fwtm.freiburg.de

ZIELE IN DER UMGEBUNG

GLOTTERTAL ● (129 E6) (*D9*)
Seine Karriere als schöner Schauplatz in der Fernsehserie „Schwarzwaldklinik" hat dem Glottertal (3000 Ew.) die „Klausjürgen-Wussow-Brücke" beschert, ansonsten aber seinem Charme als malerisches Ausflugsziel wenig anha-

ben können. Markenzeichen ist der „Rote Bur", ein Weißherbst, der an den Schwarzwaldhängen angebaut und überall ausgeschenkt wird.

Im unberührten *Oberglottertal* liegt abseits des Trubels der *Dilger*- oder *Mosthof (Mo–Sa 15–21 Uhr | Am Kandelbächle 22 | Tel. 07684 12 41 | €)*, eine ehrliche Bauernwirtschaft mit herzhaftem Speckvesper. Am *Bernethansenhof* im Oberglottertal bietet Bauer Blattmann eine **INSIDER TIPP** „Milchtankstelle". Wer 65 Cent in die Maschine einwirft, bekommt einen Liter frische Rohmilch in seine mitgebrachte Flasche abgefüllt. *15 km von Freiburg*

MÜNSTERTAL
(132–133 C–D 2–3) (*ⱷ C10–11*)

Am Eingang zu dem abgelegenen Tal 20 km südlich von Freiburg liegt die mittelalterlich erhaltene Fauststadt *Staufen* (7800 Ew.) mit Burgruine und malerischer Innenstadt. Es heißt, in der Stadt habe vor einem halben Jahrtausend der Alchemist und Gelehrte Johann Georg Faust gelebt, der später Goethe zu seinem gleichnamigen Stück inspirierte. An heißen Tagen sollten Sie unbedingt im Eiscafe *Kalte Sophie* runterkühlen *(Hauptstr. 41 | www.kalte-sophie.de)*. Hochprozentige Wässerchen stellt die *Großbrennerei Schladerer* her, die in Staufen ihren Stammsitz hat *(Führungen April–Okt. Mi 14 Uhr nach Anmeldung | Tel. 07633 8 32 57 | www.schladerer.de)*.

Das Örtchen *Münstertal* (5200 Ew.) zieht sich zwischen den Flanken der Schwarzwaldriesen Belchen und Schauinsland bis auf 1400 m empor. Auf trutziger Höhe sitzt seit Jahrhunderten mit stoischer Ruhe das *Benediktinerkloster St. Trudpert*. Schon im Mittelalter wurde im *Schaubergwerk Teufelsgrund (April–Okt. Di, Do, Sa 10–16, So 13–16, Juli und Aug. auch Mi und Fr 13–16 Uhr | Eintritt 5 Euro |*

www.besuchsbergwerk-teufelsgrund.de*)* Silber abgebaut. Man erfährt davon in einer Diashow, bevor es hinab in den 600 m langen Schindlerstollen geht. Einen Abstecher lohnt das Münstertaler *Bienenkundemuseum (Mi, Sa, So 14–17 Uhr | Spielweg 55 | Eintritt 2,50 Euro | www.bienenkundemuseum.de)*. In einem Seitental schürt viermal im Jahr **INSIDER TIPP** der letzte Köhler des Südschwarzwalds seinen Kohlenmeiler *(Tel. Infos: Kurverwaltung Münstertal 07636 7 07 30 oder beim Köhler Siegfried Riesterer Tel. 07636 14 03)*.

Viele kommen wegen des ☺ *Romantikhotels Spielweg (47 Zi. | Mo/Di nur kleine Karte | Tel. 07636 70 90 | www. spielweg.com | €€€)* ins Münstertal, das mit überdurchschnittlicher Küche und Spezialitäten aus eigener Käserei glänzt. Patron Karl-Josef Fuchs, selbst Jäger und Meier, legt Wert auf regionale, einwandfrei erzeugte Produkte und ist ein Slow-Food-Förderer. Modern-geschmackvoll gestaltete Apartments finden Sie im *Münstertäler-Hof (5 Apt. | Dietzelbachstr. 6 | Tel. 07636 70 80 | www.campingmuenstertal.de | €)*.

SCHAUINSLAND ⭐ ☼
(133 E2) (*ⱷ C10*)

Den Gipfel des Freiburger Hausbergs (1284 m), dessen Aussichtsturm einen einzigartigen Blick auf die Stadt, das Rheintal, die Vogesen und den Südschwarzwald bietet, erreichen Sie mit der *Schauinsland-Gondelbahn (tgl. Jan.–Juni 9–17, Juli–Sept. 9–18, Okt.–Dez. 9–17 Uhr | einfache Fahrt 8,50, Berg- und Talfahrt 12 Euro | www.bergwelt-schauinsland.de)*. Nehmen Sie doch den Abstieg zu Fuß oder über 8 km mit einem **INSIDER TIPP** „Downhill-Roller" *(eine Art Tretroller für Erwachsene, mit Mountainbikereifen | Mai/Juni So, Juli/Sept./Okt. Sa/So, Aug. Mi–So, Start 14 und 17 Uhr an der Bergstation Schau-*

inslandbahn | 18 Euro inkl. Leihroller und Schutzausrüstung | ab 12 Jahre | telefonische Anmeldung empfohlen | Tel. 0761 2 64 68 | www.rollerstrecke.de) in Angriff. Das ● *Museumsbergwerk Schauinsland* (Mai–Okt. Mi, Sa, So jeweils mehrere Führungen, Juli und Aug. tgl. | große Führung 18, kleine Führung 12 Euro | www.schauinsland.de) gibt Einblicke in fast 800 Jahre Bergbautradition.

Eine kulinarisch erfreuliche Einkehr auf der Höhe bietet der *Zähringer Hof*, den Sie auf dem Weg ins Münstertal finden. Experimentierfreudige Regionalküche auf hohem Niveau (Mo/Di geschl. | Stohren 10, | Tel. 07602 2 56 | www.zaehringerhof. de / €€). Zum Kaffee sollten Sie Richtung Oberried aufbrechen, wo Sie das *Waffelhäusle* finden. Was es dort gibt, verrät ja schon der Name, so gut werden Sie die süße Leckerei jedoch noch nirgendwo gegessen haben (Mi–Mo 7–19, Di 7–13 Uhr | Hauptstr. 34 | Tel. 07661 6 29 89 68 | www.waffelhaeusle.de | €). 7 km von Freiburg

MÜLLHEIM

(132 C3) (♨ B11) ⚞ **Schon die Römer wussten das bevorzugte Klima am Rande der Rheinebene zu schätzen und brachten den Weinbau in Region und Stadt.**
Müllheim (13 400 Ew.) liegt mitten im Markgräflerland, einem äußerst genussfreudigen Fleckchen, in dem neben den Winzern auch die Obstbauern ihr Auskommen haben. Gerne werden aus den Früchten geistreiche Schnäpse gebrannt. Müllheims Zentrum finden Sie rund um den Marktplatz in der Altstadt, die idyllisch der Klemmbach durchströmt. Man nimmt Platz und genießt ein Gläschen *Gutedel*. Das mediterrane Lebensgefühl illustrieren allenthalben Olivenbäume und Oleander in großen Töpfen.

Kein Name passt besser: Schauinsland

MARKGRÄFLER MUSEUM

Im klassizistischen *Blankenhorn Palais* in der Altstadt gehen Sie der Geschichte Müllheims auf den Grund: Im Erdgeschoss liegt der Fokus auf regionaler Geologie und Archäologie. Exponate aus der Eisen- und der Römerzeit künden von der frühen Besiedlung der Stadt. Die Obergeschosse präsentieren einstige Markgräfler Wohnkultur, in der sehr sehenswerten Galerie hängen die Gemälde von Künstlern aus der Gegend. Der Keller ist dem Weinbau gewidmet. *Di–So 14–18 Uhr | Eintritt 2 Euro | Wilhelmstr. 7 | www.markgraefler-museum.de*

WEINETIKETTEN MUSEUM

Der Markgräfler Thomas Wangler hat in seinem ganzen Leben 120 000 Weinetiketten aus aller Welt gesammelt. Das älteste ist 200 Jahre alt. Eine (stets wechselnde) Auswahl davon finden Sie in den Räumen des *Weinguts Dr. Schneider* im Ortsteil Zunzingen – garniert mit bacchantisch-diabolischen Zeichnungen des Straßburger Künstlers Tomi Ungerer. *Mo–Sa 14–18 Uhr | Eintritt frei | Rosenbergstr. 10 | www.weingut-dr-schneider.de*

ESSEN & TRINKEN

OCHSEN

Im Ortsteil Feldberg finden Sie auf diesem alten Hof badische Küche, wie man sie sich besser kaum wünschen kann: Im Frühsommer wird der Spargel in allen Variationen serviert, im Herbst das Wild aus den Wäldern. Dazu weiß man auch Kutteln und „Leberle" zuzubereiten, fein garniert mit Grünzeug und Kohlenhydraten à la Region. Im Sommer schlemmen Sie im üppig blühenden Garten, der auch über einen kleinen Spielplatz verfügt. *Do geschl. | Bürgelnstr. 32 | Tel. 07631 35 03 | www.ochsen-feldberg.de | €€*

TABERNA

Die Inhaber dieses Lokals haben eine Vorliebe für Italienisches, das sie kulinarisch einfallsreich mit heimisch-badischer Küche mixen. Der Name des Hauses direkt in der Altstadt ist Programm, die rustikale Inneneinrichtung mit viel Holz verzichtet bewusst auf Schnickschnack. Draußen spannt sich die Terrasse über den Klemmbach, wo Zitronenbäume und Rosmarinsträucher den Genuss flankieren. *Juni–Sept. tgl. 11–24 Uhr, Okt.–Mai mittags, So und Mo-Abend geschl. | Marktplatz 7 | Tel. 07631 17 48 84 | www.taberna-muellheim.de | €€*

EINKAUFEN

WEINGÜTER

Folgen Sie der L 125 von Müllheim über Zunzingen und Britzingen zwischen den Rebhängen hindurch nach Laufen (schön auch mit dem Rad!): Entlang der Straße reiht sich ein Winzer an den anderen, fragen Sie nach einer Weinprobe. Weitere Müllheimer Weingüter finden Sie unter *www.muellheim-touristik.de/geniessen/winzer-weingueter.*

WOCHENMARKT

Jeden Dienstag, Freitag und Samstag entdecken Sie auf dem Marktplatz von 8–12.30 Uhr, was die Region landwirtschaftlich und handwerklich zu bieten hat.

ÜBERNACHTEN

ALTE POST ♻

Schon in den 1990er-Jahren wurde Familie Mack für ihr Umweltkonzept ausgezeichnet: Das Haus ist Slow-Food-Mitglied, bezieht Bioland-Produkte und arbeitet mit einem Umweltmanagement. Ganz nebenbei präsentiert es sich noch als ein niveauvolles Hotel (allerdings direkt an der Bundesstraße, buchen Sie ein Zimmer zum Garten) mit feiner badischer Küche in der *Hebelstube* (tgl. | €€€). *51 Zi. | Posthalterweg | Tel. 0763 178 70 | www.alte-post.net | €€*

INSIDER TIPP BLANKENHORNHOF

Im früheren Wirtschaftsgebäude eines Weinguts am Klemmbach vermietet Familie Egel ein Schmuckstück von Ferienwohnung: 85 m² mit Fachwerk, alten Holzböden und einem geschmackvoll darauf abgestimmten Mobiliar. *1 Apt. | Hauptstraße 131 | Tel. 07631 57 36 | €*

sich das lokale Thermalwasser zu Nutze macht. *5 km von Müllheim*

AUSKUNFT

TOURIST-INFORMATION
Wilhelmstr. 14 | Tel. 07631 80 15 00 | www. muellheim-touristik.de

BELCHEN � (133 D3) (*ɯ C11*)
Auf den dritthöchsten Gipfel des Schwarzwalds (1415 m) führt die *Belchen-Gondelbahn (tgl. 9.15–17 Uhr | Talstation Multen im Wiesental | einfache Fahrt 6, Berg- und*

Gut geschützt: Ein Glasdach überwölbt die Grabungsstätte Römische Badruine in Badenweiler

ZIELE IN DER UMGEBUNG

BADENWEILER (132 C3) (*ɯ B11*)
Die Römer wussten schon vor knapp 2000 Jahren die Vorzüge dieses Kurorts zu schätzen. Spektakuläres Zeugnis davon legt die Grabungsstätte *Römische Badruine* ab, die heute ein großes Glasdach schützt *(April–Okt. tgl. 10–19, Führung Di/Do 16, So 11, Nov.–März tgl. 10–17, Führung So 11 Uhr | Eintritt 2 Euro).* Das moderne Pendant bildet die *Cassiopeia-Therme (tgl. 9–22 Uhr | Eintritt ab 12,50 Euro | www.cassiopeiatherme.de),* die

Talfahrt 7 Euro | www.belchen-seilbahn. de). An der Westflanke des Belchens liegt der naturgeschützte *Nonnenmattenweiher* (Badeverbot!). Der See stammt aus der Eiszeit und liegt inmitten eines Hochmoors; auf dem Wasser schwimmen große Torfinseln. *25 km von Müllheim*

EGGENER TAL (132 C4) (*ɯ B11*)
Besonders zur **INSIDER TIPP** ▶ Obstblüte im Frühjahr *(Blütentelefon ab Feb. 07635 8 24 96 49 | www.eggenertal.de),* wenn die Obstbäume wie unzählige Wattebäusche auf Zahnstochern das Tal

schmücken, seufzt so mancher Wanderer ob der Schönheit dieses Landstrichs auf. Ein lohnenswertes Ausflugsziel stellt *Schloss Bürgeln* oberhalb des Tals dar, wo man Ihnen Kaffee, Kuchen, Vespereien, ein herrschaftliches Ambiente und eine grandiose Aussicht serviert *(Do. geschl. | Tel. 07626 293 | www.schlossbuergeln.de | €–€€). 9 km von Müllheim*

HEITERSHEIM (132 C2) (*B10*)

Weil zunächst der Johanniter-, später der Malteserorden im ausgehenden Mittelalter ein eigenes Fürstentum in der Stadt (6000 Ew.) gegründet hat, nennt sie sich heute noch Malteserstadt. Was es mit den Orden auf sich hatte, erläutert das *Museum im Schloss (April–Okt. Mi 14.30–17, So 11–12.30 u. 14.30–17 Uhr | Eintritt frei | Staufener Str. 1 | www.museum-im-schloss.de)*. Aus noch älterer Zeit, nämlich aus dem 1.–3. Jh., stammen die Überreste des römischen Landhauses *Villa Urbana*, das mittlerweile Teil des *Römermuseums* ist *(April–Okt. Di–Sa 13–17, So 11–17, Führung So 15 Uhr | Eintritt frei | in der Stadt gut ausgeschildert)*, wo Sie Funde aus der Gegend sowie die Rekonstruktion der römischen Villa bestaunen können. Ausgezeichnet schlafen lässt es sich im *Hotel OX (16 Zi. | Im Stühlinger 10 | Tel. 07634 6955855 | www.oxhotel.de | €)*. Die Zimmer in dem historischen Gasthof wurden hochwertig, aber sehr puristisch eingerichtet. Das Restaurant *(tgl. 9–24 Uhr | €€)* mit flinkem Service bietet in ähnlichem Ambiente feine Regionalküche, dazu gibt's die Weine aus dem Ort. Im Sommer speisen Sie unter Kastanien vor dem Haus. *10 km von Müllheim*

SCHOPFHEIM (133 D5) (*C12*)

Die Stadt (19300 Ew.) am Eingang des Wiesentals war einst durch die Textilindustrie reich geworden. Auch wenn sie seitdem an Bedeutung verloren hat, geblieben ist eine schmucke, verwinkelte Altstadt mit netten kleinen Cafés und Geschäften. Von Gemeinde und Land ringsum weiß das *Stadtmuseum (Mi 14–17, Sa 10–17, So 11–17 Uhr | Eintritt 3 Euro | Wallstr. 10)* zu berichten, das Sammlungen zur regionalen Wohnkultur und Militärgeschichte zeigt. In einem 250 Jahre alten Bauernhof finden Sie im Stadtteil Gersbach den Schwarzwaldgasthof *Zum Waldhüter (8 Zi. | Mo geschl. | Gässle 7 | Tel. 07620 988900 | www.zumwaldhueter.de | €€). 33 km von Müllheim*

VOGELPARK STEINEN (132–133 C–D5) (*C12*)

Der Park bietet eine Sammlung von 300 Vogelarten aus aller Welt und Greifvogelvorführungen *(April–Okt. tgl. 10–17 Uhr, März, Nov. vereinzelt geöffnet | Eintritt 15 Euro | www.vogelpark-steinen.de). 25 km von Müllheim*

ZELL IM WIESENTAL (133 D4) (*C12*)

Im Örtchen Zell (6000 Ew.) erinnert das *Wiesentäler Textilmuseum (April–Okt. Mi 17–20, Sa/So 10–12 Uhr und nach Vereinbarung | Tel. 07625 580 und 924092 | Eintritt 4 Euro | www.wiesentaeler-textilmuseum.de)* an die für das Wiesental einst so bedeutsame Textilindustrie. Ausgestellt sind betriebsbereite mechanische Webstühle, Spinn-, Schuss-Spul- und Färbereimaschinen. *31 km von Müllheim*

ST. BLASIEN

(134 A4) (*E11*) **Kaum zu glauben: Die kleine Stadt (3900 Ew.) in ihrem engen Tal beherrschte einst den gesamten Südschwarzwald.**

Schon im 9. Jh. hatten sich Benediktiner-Mönche hier niedergelassen, ein Kloster

Weißer Riese: Der Dom von St. Blasien beeindruckt durch Größe, Farbe und seine Kuppel

errichtet und die Region fortan auch politisch und wirtschaftlich (unter anderem mit einigen Glashütten, die den Wohlstand der Abtei nährten) geprägt. Heute präsentiert sich die Stadt als gepflegter Kurort, in dem man im Sommer die Geranienkästen kaum zählen kann. Das Zentrum bildet freilich der Dom mit seiner weithin sichtbaren Kuppel, die zu den größten Europas zählt. Gerne flaniert man über die gepflasterte *Kurpromenade,* die Hauptstraße, begutachtet die überall aufgestellten Kunst-Skulpturen am Wegesrand und verbringt Stunden in den Cafés. Wer's ein bisschen sportlicher liebt: St. Blasien ist mit seinen Bergen ringsum ein wahres Wanderparadies.

SEHENSWERTES

DOM ⭐

Mächtig prägt die insgesamt 62 m hoch aufragende Kuppel des Gotteshauses das Stadtbild. In seiner heutigen Gestalt wurde der frühklassizistische Bau 1783 eingeweiht, nachdem ein Brand die vorherige Kirche zerstört hatte. Im Inneren strahlt die lichtdurchflutete Kirche in Weiß, unter anderem der prachtvolle Marmorfußboden kündet vom einstigen Reichtum der Benediktiner-Mönche. Zentrales Element ist die Kuppel, die architektonisch mit Symmetrien spielt: Würde man die Halbkugel der insgesamt 36 m hohen Kuppel nach unten zu einer Kugel vervollständigen, würde diese genau auf dem Fußboden ruhen. Getragen wird die Kuppel von 20 Säulen, die jeweils 18 m hoch sind. Der Durchmesser der Kuppel beträgt ebenfalls 36 m. Das zentrale Fresko im Kuppeldach entstand 1912, es zeigt Mariae Himmelfahrt. Ironie der Geschichte: Nur 23 Jahre nach der Einweihung ihres imposanten Doms flohen die Benediktiner im Zuge der Säkularisation aus St. Blasien. Jedes Jahr im Sommer finden die viel beachteten *Internationalen Domkonzerte* statt. *tgl. geöffnet | Termine für Führungen bei der Tourist-Info erfragen | www.dom-st-blasien.de*

LE PETIT SALON

Das Museum in Menzenschwand ist den berühmtesten Söhnen des Orts, den Brüdern Winterhalter gewidmet. Franz Xaver Winterhalter (1805–1873) war einer der besten Porträtmaler seiner Zeit und ging an sämtlichen europäischen Höfen ein und aus. Das bekannteste Porträt der österreichischen Kaiserin Sisi stammt von ihm. Hermann Winterhalter (1808–1891) malte ebenfalls und verwaltete schließlich den Nachlass des Bruders. Das Museum zeigt Original-Lithographien, Briefe und Zeichnungen der Brüder. *Mi, Sa, So*

Hübsch herausgeputzt: St. Blasien

14.30–17 Uhr | Eintritt 2 Euro | Hinterdorfstr. 15 (Rathaus) | www.winterhaltermenzenschwand.de

ESSEN & TRINKEN

KLOSTERMEISTERHAUS

Das Restaurant darf sich zweifelsohne das beste am Platz nennen: einfallsreiche Spitzengastronomie mit regionalem Einschlag und internationaler Abrundung. Drinnen und ☀ draußen (wunderschöne Dachterrasse mit Domblick!) speist man in liebevoll gestaltetem Ambiente. Das Hotel mit 8 Zimmern fügt sich entsprechend ein (€€). *Mo/Di geschl. | Im Süßen Winkel 2 | Tel. 07672 8 48 | www.klostermeisterhaus.de | €€€*

EINKAUFEN

INSIDER TIPP ▶ HEIMATSINN

Dieses Souvenir- und Accessoire-„Lädele" in Menzenschwand führen junge Leute buchstäblich mit Heimatsinn: authentische kreative Produkte (auch reichlich kulinarische), einfallsreich präsentiert. *Mo, Di, Do, Fr 9–12.30 und 15–18.30, Sa 9–16 Uhr | Hinterdorfstraße 12 | www. heimatsinn-schwarzwald.de*

FREIZEIT & SPORT

RADON REVITAL BAD

Das Heilversprechen (v. a. bei rheumatischen Erkrankungen) der puristisch mit viel Glas erbauten Therme in Menzenschwand beruht auf radonhaltigem Wasser, das therapeutisch für Wannenbäder eingesetzt wird. Man kann aber auch im großen Badebereich eintauchen (Innen- und Außenbecken, 34 Grad), die Saunalandschaft, entspannende Massagen und Anwendungen genießen. *tgl. 10–21 Uhr | Eintritt ab 8,50 Euro | In der Friedrichsruhe 13 | Tel. 07675 92 91 04 | www.radon revitalbad.de*

ÜBERNACHTEN

HOTEL KLOSTERHOF

Gepflegtes Haus unmittelbar am Kurpark, bei der Einrichtung der Zimmer wurde viel Wert auf einladende warme Hölzer gelegt. Freundlich ist auch der Preis! *12 Zi. | Am Kurgarten 9 | Tel. 07672 48 07 97 | www.klosterhof-stblasien.de | €*

TOURIST-INFORMATION
Am Kurgarten 1–3 | Tel. 07672 4 14 30 | www.stblasien.de

ZIELE IN DER UMGEBUNG

BERNAU (133 F3) *(㊀ D11)*
Der Wintersportort Bernau mit 1900 Einwohnern ist die Heimat von Hans Thoma, dem bekanntesten Schwarzwaldmaler. Die Gemeinde erinnert mit einer Dauerausstellung im *Hans-Thoma-Kunstmuseum* im Rathaus *(Mi–Fr 10.30–12 und 14–17, Sa/So 11.30–17 Uhr | Eintritt 3,50 Euro | www.hans-thoma-museum.de)* an ihren großen Sohn. *10 km von St. Blasien*

BONNDORF (134 B3) *(㊀ F11)*
In der „Räucherkammer" des südlichen Schwarzwalds (6800 Ew.) produziert die Firma *Adler (Fabrikverkauf Mo–Fr 8–18, Sa 7.30–12 Uhr | Am Lindenbuck 3 | www.adler-schinken.de)* ihren Schwarzwälder Schinken. In den *Schloss-Narren-Stuben (Mi–Sa 10–12, 14–17, So 14–17 Uhr, Führung auf Anfrage | Tel. 07703 2 33 | Eintritt frei)* sind 400 originalgetreu nachgebildete Miniaturen alemannischer Fasnetfiguren ausgestellt. Idyllisch liegt der *Gasthof Sommerau* auf einer großen Wiese am Waldrand – ein wunderschönes Holzhaus im modernen Schwarzwaldstil. Das Kochen ist hier regionale Herzensangelegenheit auf hohem Niveau. Auch Hotel *(€€)* mit 12 Zimmern, nagelneuem Saunahaus und Badeteich *(Mo/Di geschl. | Sommerau 5 | Tel. 07703 6 70 | www.sommerau.de | €€€)*. *27 km von St. Blasien*

GRAFENHAUSEN (134 B4) *(㊀ E11)*
Im Ort (2300 Ew.) liegt das schindelgedeckte *Heimatmuseum Hüsli (25. Dez.–Juni und Sept.–Okt. Di–Sa 10–12, 13.30–17, So 13.30–17, Juli–Aug. Di–Sa 9.30–12, 13.30–17.30, So 13.30, 17.30 Uhr | Eintritt 1,60 Euro)*, das Schwarzwälder Volkskunst der letzten 300 Jahre zeigt. Im Ortsteil Rothaus steht der Stolz der Region, die badische *Staatsbrauerei Rothaus*. *18 km von St. Blasien*

LOW BUDG€T

▶ Jeden Samstag ab 11.30 Uhr gibt es im Freiburger Münster ein kostenloses Orgelkonzert unter dem Motto „Orgelmusik zur Marktzeit".

▶ Das ● *Tiergehege Mundenhof* am Rand des Freiburger Ortsteils Lehen *(Mundenhof Haus 37 | Tel. 0761 2 01 65 80 | www.mundenhof.de)* ist ein Naturerlebnispark mit Kamelen, Affen, afrikanischen Ziegen und Rindern, Straußen, Braunbären und Erdmännchen, und kostet keinen Cent Eintritt. Beliebter Ausflugs- und Picknickplatz der Freiburger Familien. Hofwirtschaft mit großem Biergarten.

▶ In Kirchzarten im Dreisamtal verheißt der *Heuspielplatz* beim Ruhbauernhof *(Pfingsten–Anfang Okt. | Tel. 07661 6 19 20 | www.ruh bauernhof.de)* im Ortsteil Dietenbach einen vergnüglichen Nachmittag für Kinder. Kostet keinen Eintritt, und die dort heimischen Mini-Schweinchen Pickeldi, Frederick und Micky Maus toben gerne mit.

▶ In der Freiburger Studentenkneipe *Brennessel* kostet die Portion Spaghetti Bolognese von 18–19.30 Uhr nur 1,80 Euro *(tgl. | Eschholzstr. 17 | www.brennessel-freiburg.de)*.

TODTMOOS (133 E4) (*m D12*)

Prunkstück des malerischen Dörfchens (2100 Ew.) ist die Wallfahrtskirche *Unserer lieben Frau*, erstmals 1255 errichtet. Der heutige Bau stammt aus dem 17. Jh. Immer noch pilgern die Gläubigen hierher, um vor dem Gnadenbild im Hochaltar aus dem 14. Jh. zu beten. Auf dem Pilgerweg zur Kirche stehen noch die Pilgerstände von einst; beim Weihnachtsmarkt dienen sie als Verpflegungsstände. An die Todtmooser Bergbaugeschichte erinnert das *Magnetkies-Schaubergwerk Hoffnungsstollen (Mai–Okt. Do, Sa, So 14–17, Nov– April Sa, So 14–17 Uhr | Eintritt 2 Euro)*. Im Winter ist Todtmoos Schauplatz spektakulärer *Schlittenhunderennen (Tourist-Info | Tel. 07674 9 06 00 | www.todtmoos. de)*, im Januar und Februar dürfen Gäste in **INSIDER TIPP** Musher-Kursen *(Infos: Landgasthaus Pension Sternen | Tel. 07674 9 05 20 | ab 120 Euro | www. sternen-todtmoos.de)* das Schlittenlenken selbst lernen. *13 km von St. Blasien*

TODTNAU (133 E3) (*m D11*)

Todtnau (5000 Ew.) ist die Wiege des Skisports im Schwarzwald. Hier ist der älteste Skiclub Deutschlands (1891) zu Hause. Das ★ *Hasenhorn* mit 1158 m ist ein Eldorado für spektakuläre Abfahrten. Ein Sessellift *(tgl. 10–16.30 Uhr | ab 5,50 Euro)* bringt Wanderer, Mountainbiker, Schlittenfahrer und Schaulustige nach oben. Von dort führt eine gewalzte Rodelbahn über 3,5 km den Berg hinab; daneben lockt der Mountainbike-Funpark mit einer spektakulären Downhill-Strecke *(www.mtb-fun-park.de)*. Ganzjährig geöffnet hat die 2,9 km lange *Hasenhorn Coaster-Rodelbahn (tgl. 10–16.30 Uhr | 5,50 Euro | www.hasenhorn-rodelbahn.de)*. Wem das alles zu gefährlich scheint, der gelangt vom Gipfel aus über den für Kinder konzipierten, 4 km langen Zauberweg hinunter. Neueste Attraktion ist der 21 m hohe ❄ **INSIDER TIPP** Hasenhorn-Turm, den man von der Bergstation aus zu Fuß in einer halben Stunde erreicht. Bei kla-

Das Hasenhorn lohnt den Gipfelsturm auch im Sommer, z. B. für die Aussicht auf Todtnau

rer Sicht sind die Alpen zum Greifen nah. Atemberaubendes Wanderziel sind die *Todtnauer Wasserfälle,* die über Klippen fast 100 m in die Tiefe stürzen. Einen Abstecher lohnt im Ortsteil Aftersteg der *Glasbläserhof (tgl. 9.30–18 Uhr | Eintritt 2 Euro | Talstr. 6 | www.glasblaeserhof.de),* einer Museumswerkstatt mit Verkauf und Vorführungen. *25 km von St. Blasien*

WALDKIRCH

(129 E56) *(⊠ D9)* **Waldkirch erhielt als zweite deutsche Stadt (20 500 Ew.) das Prädikat „CittaSlow". Das bedeutet: Bei uns geht es gemütlich zu; wir leben und genießen.**

Waldkirch liegt in reizvoller Lage am Ausgang des lieblichen Elztals, beschattet vom imposanten ☀ Kandel (1243 m). Ein gut erhaltener historischer Stadtkern gruppiert sich um den lebhaften Marktplatz, auf dem mittwochs und samstags ein wuseliger Wochenmarkt stattfindet *(jeweils 7.30–12 Uhr).*

SEHENSWERTES

BAUMKRONENWEG

Hölzerne Stege erlauben einen Spaziergang auf Baumhöhe und Einblicke ins Wipfelreich der Schwarzwald-Flora. Am Wegrand gibt es verschiedene Erlebnisstationen wie „Der Boden lebt" oder „Wildtierfütterungen". *Mai–Sept. tgl. 10.30–19 Uhr, April/Okt./Nov. teilweise unregelmäßige Öffnungszeiten, vorher anrufen! | Tel. 07823 96 12 79 | Eintritt 5,50 Euro | www.baumkronenweg-waldkirch.de*

ELZTALMUSEUM

Außer Exponaten zur regionalen Geschichte beherbergt der dreigeschossige Schlossbau des 18. Jhs. vor allem Material über die Elztäler Orgelbauer und

ihre Geschichte. ⭐ *Waldkirch,* Mekka des Dreh- und Jahrmarktorgelbaus, hält die Tradition mit dem alle drei Jahre *(wieder 2014)* stattfindenden *Orgelfest* am Leben. Das ganze Jahr über finden

Handwerk global: Multikulti-Uhrenträger im Etztalmuseum

regelmäßig Konzerte statt, bei denen auch andere Instrumente ihren Auftritt haben. *Ostern–Okt. Di–Sa 15–17, So 11–17, Nov.–Ostern Mi, Fr und Sa 15–17, So 11–17 Uhr | Eintritt 4 Euro | Kirchplatz 14 | www.elztalmuseum.de*

SCHWARZWALDZOO

Die in einen steilen Waldberg gebaute Anlage zeigt nur Tiere der Gegend (außer ein paar Schildkröten), darunter die größte Eulensammlung Europas *(April–Sept. tgl. 9–17, März, Okt., Nov., tgl. 9–16 Uhr | Eintritt 3 Euro | Am Buchenbühl).*

ESSEN & TRINKEN

STADTRAINSEE

In das große Patrizierhaus am gleichnamigen See kehrt man für Kaffee und

Kuchen, eine zünftige Vesperplatte, die hausgemachten Spätzle oder ein gutes Schnitzel ein. Kulinarisch ist alles auf den Waldkircher Gerstensaft abgestimmt, der hinter dem Haus in der *Hirschenbrauerei* gebraut wird. Im Sommer finden Sie zusätzlich im Freien Platz. *tgl. ab 11 Uhr geöffnet | Goethestraße 21 | Tel. 07681 2 27 78 | www.stadtrainsee.de | €€*

angenehmen Standard. *6 Zi. | Lange Straße 24 | Tel. 07681 4 74 95 90 | www.storchen-waldkirch.de | €€*

AUSKUNFT

TOURIST INFORMATION I-PUNKT
Kirchplatz 2 | Tel. 07685 194 33 | www.zweitaelerland.de

ÜBERNACHTEN

KOHLENBACHER HOF
Das Hotel liegt idyllisch am Waldrand im Ortsteil Kollnau. Ihre einzigen Nachbarn sind ein paar entfernte Bauernhöfe und die Kühe auf der Weide. Von Mai–Okt. mehren einfallsreiche Salatkreationen den guten Ruf des Restaurants *(Di geschl.). 18 Zi. | Tel. 07681 88 28 | www.kohlenbacherhof.de | €*

ZUM STORCHEN
In einem der historischen Bauten mitten in der Altstadt liegt dieses gemütliche Hotel-Restaurant und stützt sich auf eine über 400-jährige Wirtshausgeschichte. Die Küche ist saisonal und regional *(€€€)*, die Hotelzimmer bieten

ZIELE IN DER UMGEBUNG

ELZACH (129 F5) *(⨳ D8)*
Dieser kleine Luftkurort (7000 Ew.) befindet sich zur Fasnetzeit im Ausnahmezustand. Nirgendwo sonst erleben Sie die alemannische Apokalypse authentischer als hier. Der ganze Ort nimmt Urlaub, die feuerrote Zunft der „Schuttig" übernimmt während der Fasnetzeit das Kommando. *10 km von Waldkirch*

FURTWANGEN (134 A–B1) *(⨳ E9)*
Kurz hinter Waldkirch zweigt vom Elztal das kurvenreiche Simonswäldertal ab und mit ihm die Deutsche Uhrenstraße. Der Name hat seinen Grund, denn hier erreicht man über viele Serpentinen die Uhrmacherstadt Furtwangen (9400 Ew.)

VOLLDAMPF VORAUS

Wie der Ringelschwanz eines Schweins sieht die Strecke der Museumsbahn Wutach **(135 D 3–4)** *(⨳ G11)* auf der Landkarte aus, und so hat sie seit ihrer Eröffnung 1890 ihren Namen weg: „Sauschwänzlebahn". Einst als militärische Nachschublinie durchs Wutachtal gebaut, wurde sie 1955 stillgelegt und 1977 als Touristenbahn wieder zum Leben erweckt. Von alten Dampflokomotiven gezogen, rumpelt die Bahn von Mai

bis Oktober über zahlreiche Viadukte und durch den einzigen Kreiskehrtunnel Deutschlands *(Infos: Museumsbahn Wutachtal | Tel. 07702 47 76 04)*. Eine weitere Museumsbahn, das „Chanderli" **(132 C4–5)** *(⨳ B12)*, gezogen von der 1904 gebauten Dampflok T3, bummelt 13 km durch das Kandertal *(Infos: Zweckverband Kandertalbahn | Waldeckstr. 39 | Kandern | Tel. 07626 89 90)*.

mit dem ⭐ *Deutschen Uhrenmuseum* (April–Okt. tgl. 9–18, Nov.–März tgl. 10–17 Uhr | Eintritt 4 Euro | Robert-Gerwig-

museum (Mi–Fr 10–17, Sa 10–15 Uhr | Eintritt frei | Kreuzstr. 9 | www.faller.de), in dem ganze Miniaturwelten aufgebaut

Hexenlochmühle: Hinter dem schaurigen Namen verbirgt sich ein Bilderbuch-Idyll

Platz 1 | www.deutsches-uhrenmuseum.de). Vom Nachbau der Sternenuhr in Stonehenge über chinesische Feueruhren bis hin zu allen Varianten der Schwarzwälder Tüftleruhr ist alles vertreten. *28 km von Waldkirch*

10 km westlich lohnt sich auf jeden Fall die Wanderung ins *Wildgutachtal*, zur Mutter aller Schwarzwaldmühlen, der fast 200 Jahre alten *Hexenlochmühle* (tgl. 9.30–18 Uhr | Hexenlochstr. 13–14 | www.hexenlochmuehle.de) an einem plätschernden Wildbach. Drinnen in der Mühle erfüllen die *Schwarzwaldstuben* (Tel. 07723 73 22 | €€) kulinarische Bedürfnisse.

GÜTENBACH (134 A1) (*☐ E9*)

Das Örtchen Gütenbach (1300 Ew.) ist die Heimat der Faller-Häuschen, die wohl nicht nur Miniatureisenbahn-Fans ein Begriff sind. Ein Shop befindet sich im *Haus-*

sind. Von Gütenbach aus erreichen Sie in einer gemütlichen Stunde zu Fuß das anrührende **INSIDER TIPP** Naturdenkmal *Balzer Herrgott* – eine Christusfigur am Kreuz, die über die letzten zwei Jahrhunderte von einer Buche so umschlossen wurde, dass heute nur noch der Kopf des leidvoll blickenden Jesu herausragt. *21 km von Waldkirch*

KANDEL ⚺ (129 E6) (*☐ D9*)

Der Kandel ist der Ski- und Aussichtsberg des Elztals. Er bietet in 1241 m Höhe ein tolles Panorama. Hier starten die Drachenflieger, hier treffen sich Alpinisten am großen *Kandelfelsen* zum Klettern. Die 14 km lange und extrem steile **INSIDER TIPP** Auffahrt von Waldkirch zum Gipfel ist für Radamateure eine der größten Herausforderungen im ganzen Schwarzwald. *14 km von Waldkirch*

HOCHSCHWARZWALD

Der Hochschwarzwald ist gewissermaßen das Sahnehäubchen des Schwarzwalds. Noch bis in den Mai hinein ragt zuckerweiß die schneebedeckte Kuppe des Feldbergs (1493 m) weit über das Land, wenn unten im Tal längst die Wiesen von Butterblumen überschwemmt, die Kirschbäume im Markgräflerland von Blüten wattiert und die Freiburger Bächle von lauter Barfüßlern durchwatet werden.

Seine landschaftlichen Höhepunkte, etwa den märchenhaften Titisee und die von jahrtausendealter Erdgeschichte durchwitterte Wutachschlucht, verdankt der Hochschwarzwald der letzten Eiszeit. Der *Naturpark Südschwarzwald* hat dazu einen Wanderführer „Spuren der Eiszeit" herausgegeben. Er ist im *Haus der Natur (Dr.-Pilet-Spur 4 | Feldberg | Tel. 07676 93 36 10 | www. naturpark-suedschwarzwald.de)* für 5 Euro erhältlich und bietet 30 Touren rund um das Feldberggebiet, die alle zu eiszeitlich geprägten Landschaftsbildern führen.

Die Schneebar am Seebuck auf dem Feldberg hingegen ist neueren Datums und kündet vom Massentreiben auf der Schneeinsel Baden-Württembergs. Die heilklimatische Höhenluft und die landschaftliche Vielfalt des Hochschwarzwalds, seine verträumten Hochtäler, die dunklen Wälder, die Panoramaplateaus und die subalpinen Gipfel, machen diese Region zu einem einzigartigen Paradies für Wanderer und seit einigen Jahren auch für Mountainbiker.

Bild: Blick auf St. Märgen mit dem Feldberg im Hintergrund

TITISEE-NEUSTADT

(134 A–B2) (🗺 E10) **Die Doppelstadt (12 000 Ew.) wurde von Verwaltungsreformern 1974 in ihre Ehe gezwungen, ein bis heute nicht ganz ausgestandenes Trauma.**

So verschieden nämlich sind die beiden Teile, dass sie selbst nach bald 40 Jahren Vernunftverbindung noch immer ihr Eigenleben führen. Titisee, erst um 1900 touristisch entdeckt, zuvor ein Bauerndorf, verdreht heute Touristen aus aller Welt den Kopf. Das Mittelzentrum Neustadt, ein Handwerks- und Industriestädtchen aus dem 13. Jh., hält mit Behörden, Schulen und Geschäften den Hochschwarzwald am Laufen. Titisees Wahrzeichen ist der 40 m tiefe, 1,5 km lange See, das Neustadts die kühn geschwungene Gutachtalbrücke, die in einem 100 m hohen Bogen den Talausgang überspannt.

Europas größte Naturschanze

die Schanze frei zugänglich. Die großen Springen finden meist im Februar statt. *Infos: Weltcup-Büro | Sebastian-Kneipp-Anlage 2 | Tel. 07651 97 24 12 | www.weltcupskispringen.de*

HOCHFIRSTTURM ☼

Eine schmale Röhre aus Blech und Stahl, fast 30 m hoch, steht als Aussichtsturm auf dem Neustädter Hausberg Hochfirst. Von hier oben gesehen verliert die Welt ihren Schrecken, die Vogesen sehen aus wie ein zerknülltes Butterbrotpapier, die Alpen wie zerkrümeltes Schaumgebäck. Zum Gipfel führt eine schmale Straße, hinaufzuwandern ist aber viel schöner; dann hat man sich auch zur Belohnung die Einkehr im gutbürgerlichen *Berggasthaus Hochfirst (Mai–Okt. Mi–Mo geöffnet, Di nur bis 16.30, Nov.–Apr. Di. geschl. | Tel. 07651 75 75 | www.berggasthaushochfirst.de | €)* verdient. Knapp unterhalb des Gipfels starten die *Wälder Drachenflieger* von einer abenteuerlichen Holzrampe zu ihren Flügen über den Titisee.

MÜNSTER ST. JAKOBUS

Die katholische Pfarrkirche von Neustadt ist zwar erst 100 Jahre alt, dennoch nimmt der neugotische Bau eine dominierende Stellung im Stadtbild ein. Der Marienaltar ist eine Nachbildung des Riemenschneider-Altars in Creglingen, der Turm erinnert an große gotische Vorbilder.

SEHENSWERTES

HOCHFIRSTSCHANZE ★

Der Heimathorst der Schwarzwald-Adler liegt im Schmiedsbachtal, fünf Gehminuten vom Bahnhof Neustadt entfernt. Die Weltcupsprungschanze in Neustadt erlaubt Weiten bis zu 145 m. Sie ist damit die größte Naturschanze Europas. Außerhalb der Wettkämpfe ist

TITISEE ★

Selbst im allergrößten Trubel bewahrt der Titisee seine gravitätische Ruhe und strahlt reichlich kühle Gelassenheit aus – auch wenn Surfer, Tret- und Ruderboote ihn bevölkern und sich an der Strandpromenade, auch *Goldküste* genannt, Busreisende drängen. Der Spitzname geht auf den Rummel und die dicht an dicht stehenden Andenkenläden zurück, mit denen sich hier manch einer eine goldene Nase verdient. Der gut 1 km² große Bergsee ist ein Überbleibsel der letzten Eiszeit. Ein bequemer Spazierweg führt fast ganz um den See herum. Rundfahrten finden ab Strandpromenade Seestraße statt. Dort können Sie auch selbst ein Boot mieten.

ESSEN & TRINKEN

JOSEN
Imposanter Schwarzwaldgasthof im Seitental Jostal. Viel Hausmachererfahrung dank eigener Schlachterei. *Do geschl. | Jostalstr. 90 | Tel. 07651 918100 | www. josen.de | €€–€€€*

OBERES WIRTSHAUS
Das alte Schwarzwald-Gasthaus heißt eigentlich Hirschen, ist im kleinen Nebental Langenordnach aber nur als Oberes Wirtshaus bekannt. Einheimische schätzen es wegen der sehr guten bürgerlichen Küche, der Vesper aus eigener Schlachtung, der Kuhstallbesichtigungen für Kinder und wegen des Tratsches am Ofentisch. *Di und Mi-Abend geschl. | Langenordnach 12 | Tel. 07651 14 26 | www. oberes-wirtshaus.de | €–€€*

SONNE-POST
Sehr gut geführtes Speiselokal und Hotel *(19 Zi.)* im friedlichen Ortsteil Waldau. Erstklassige, saisonal orientierte Küche in heimeliger Atmosphäre. *Mo geschl. | Tel. 07669 910 20 | www.sonne-post.de | €€*

INSIDER TIPP ▶ SPRITZENHÄUSLE
In der urigen Einheimischenkneipe ist die Gaststube seit 1900 nahezu unverändert. Der Kachelofen bullert und die Portionen sind geeignet, Holzfäller zu erschlagen. *So, Juni–Sept. auch Sa geschl. | Scheuerlenstr. 22 | Tel. 07651 75 58 | €*

EINKAUFEN

HILPERTENHOF
Bei dem wohl rührigsten Selbstvermarkter des gesamten Hochschwarzwalds bekommen Sie direkt vom Hof Spezialitäten aus eigener Schlachtung wie Schinken, Speck und Dosenwurst. *Mo–Sa 14–18 Uhr, Sa vormittags auf dem Neustädter Wochenmarkt in der Kurbadstraße | Hilpertenhof 21 | Langenordnach | www. hilpertenhof.de*

MARCO POLO HIGHLIGHTS

★ **Hochfirstschanze**
Der Heimathorst von Martin Schmitt und Sven Hannawald
→ S. 88

★ **Titisee**
Eine Perle der Natur mit einer Goldküste für Touristen
→ S. 88

★ **Badeparadies Schwarzwald**
Drei Bäder für alle Fälle – von Action bis Wellness → S. 90

★ **Feldberg**
Das „Dach" des Schwarzwalds: Ski- und Wandergipfel für jedermann → S. 93

★ **St. Peter**
Barockes Erbe der Benediktinermönche → S. 97

★ **Schluchsee**
Der größte Stausee des Schwarzwalds → S. 97

★ **Wutachschlucht**
Grand Canyon des Hochschwarzwalds → S. 99

UHREN

Die letzte Kuckucksuhrenfabrik der Stadt ist die *Hönes GmbH (Mo–Do 7.30–12 und 13–15.30, Fr. 7.30–12.30 Uhr | Bahnhofstr. 12 | www.hoenes-uhren.de)*; groß ist hier die Auswahl an Schwarzwälder Uhren. *Brunners Welt der 1000 Uhren (tgl. 9.30–18.30 Uhr | Seestr. 10 und 19 | www.uhren-brunner-titisee.de)* bietet eine große Ausstellung von Schwarzwälder Kuckucksuhren.

Sa/So 9–22 Uhr, Ferien wie Galaxy) zu, was auch daran liegt, dass der Eintritt erst ab 16 Jahren erlaubt ist. Die Palmen am Beckenrand sind tatsächlich echt, die Oase überspannt ein gewaltiges Glasdach, Durstige zwitschern ein Gläschen an der Poolbar, die man nur vom Wasser aus erreicht (inkl. Barhocker im Wasser, bezahlt wird mit dem Schlüssel-Chip am Handgelenk). Für den übrigen Genuss sorgen Whirlpools und Sprudelliegen.

Je höher der Sprung, desto besser die Aussicht: Bungee-Trampolinspringen am Titisee

FREIZEIT & SPORT

BADEPARADIES SCHWARZWALD ★

Dieses Paradies besteht einerseits aus dem Rutschentempel *Galaxy Schwarzwald (Mo 14–18, Di/Do 14–22, Fr 14–23, Sa/So 9–22, in den Ferien Sa–Do 9–22, Fr 9–23 Uhr)* mit seinem Wellenbad und 20 (!) unterschiedlichen Rutschen. Die exotischsten darunter tragen Namen wie „Freefall" oder „Monster Halfpipe" und machen ihrem Namen alle Ehre. Etwas ruhiger geht es in der benachbarten ● *Palmenoase (Mo–Do 10–22, Fr 10–23,*

Das paradiesische Trio komplettiert die *Wellnessoase (geöffnet wie Palmenoase)*, eine große Saunalandschaft. Somit stellt das Badeparadies zweifelsohne das spektakulärste seiner Art zwischen Basel und Karlsruhe dar – wenn nicht darüber hinaus. *Am Badeparadies 1 | Tel. 00800 4 44 43 33 | www.badeparadies-schwarzwald.de | Eintritt ab 11 Euro*

GOLF

Die Golfanlage Hochschwarzwald (9 Loch) zwischen Titisee und Hinterzarten gehört zu den topografisch anspruchsvollsten und landschaftlich reizvollsten Golfplätzen des Landes. *24 Euro; Driving Range 5, Übungsanlage 13 Euro | Tel. 07651 93 57 77*

KLETTERN

Bis zu 18 m hoch ist der Abenteuer-Kletterpark „Action-Forest" im Wald am Hirschbühl bei Titisee. Fünf Parcours in allen Schwierigkeitsgraden ermöglichen das Klettern, Schwingen und Balancieren in den Wipfeln alter Baumriesen. Für Waghalsige: die Abfahrt mit der über 200 m langen `INSIDER TIPP` Seilrutsche *Skyfox. tgl., letzter Einlass 16 Uhr, Nov.–Mitte April geschl., Mitte April–Okt. wechselnde Öffnungszeiten, vorher telefonisch erfragen | Tel. 07651 9 36 59 77 | Eintritt ab 19 Euro für 3 Std. | Neustädter Str. 41 | www.action-forest.de*

AM ABEND

Junge Leute (ab 18!) treffen sich in der kleinen Cocktailbar *Bacio (Di–Do ab 20 Uhr, Fr und Sa ab 21 Uhr | Salzstr. 5)* in der Unterstadt.

ÜBERNACHTEN

BÄREN NEUSTADT

Traditionsreicher Familienbetrieb zentral im Ortskern von Neustadt gelegen. Das Haus ist modern ausgestattet und bietet ein überdurchschnittliches Restaurant. Beliebt als Bikertreff. *19 Zi. | Restaurant Mi geschl. | Hauptstr. 20 | Tel. 07651 15 15 | www.baeren-neustadt.de | €*

BÄREN TITISEE

Anspruchsvolles Haus, das gekonnt den Charme der vorletzten Jahrhundertwende mit modernstem Wellnesskomfort verbindet. Ausgezeichnetes Restaurant. Ende 2011 hat es im Hotel gebrannt, woraufhin es geschlossen wurde. Wann es wieder eröffnet, erfahren Sie auf der Internetseite des Hauses und telefonisch. *36 Zi., 25 Apt. | Neustädter Str. 35 | Tel. 07651 80 60 | www.baeren-titisee.de | €€*

SCHWARZWALD-HOTEL TITISEE

Das älteste Hotel am Ort und seit mehr als 100 Jahren die Nummer eins am Titisee. Trümpfe sind die herrliche

LOW BUDGET

▶ Wer mindestens zwei Nächte im Hochschwarzwald Urlaub macht, bekommt von seinem Gastgeber die ● Hochschwarzwald-Card, die kostenlosen Eintritt in mehr als 50 Einrichtungen ermöglicht: darunter Skilifte, Rodelbahnen und das Badeparadies *(Infos unter www.hochschwarzwald-card.de | nur bei teilnehmenden Gastgebern erhältlich!).*

▶ In Schluchsee veranstaltet der Revierförster für 3 bzw. 1 Euro (Erwachsene/Kinder) ausgedehnte Führungen. Die Touren heißen „Wald mit allen Sinnen" oder „Mit dem Förster auf der Pirsch" und führen teilweise in abgelegene Waldstücke *(Näheres bei der Tourist-Info | Tel. 07652 12 06 85 06).*

▶ Auf dem Wilmershof im Langenordnachtal bei Neustadt ist das selbst gemachte Bauernhof-Sahne-Eis aus frisch gemolkener Milch der Renner. Man kann beim Eismachen zuschauen und die Kinder so lange kostenlos in der Spielscheune oder auf dem Abenteuerspielplatz toben lassen *(Familie Fehrenbach | Schwärzenbach 11 | Tel. 07651 97 15 52 | www.wilmershof.de).*

Lage am Seeufer, eine moderne Bade- und Saunalandschaft **INSIDER TIPP** ▶ (mit Außenpool direkt am See!), die gelobte Küche und der Zimmerstandard. *80 Zi. | Seestr. 10 | Tel. 07651 80 50 | www.schwarzwaldhotel-trescher.de | €€€*

SEEHOTEL WIESLER ✿

Schönes Ferien- und Wellnesshotel direkt am Titisee, familiär geführt, mit Sonnenwiese, eigenem Strandzugang, Badelandschaft, Kosmetikfarm, Bootsverleih und kreativer badischer Küche. Wegen vorbildlicher Energie- und Bewirtschaftungsmaßnahmen ausgezeichnet mit dem Landesumweltpreis Baden-Württemberg. *26 Zi. | Strandbadstr. 5 | Tel. 07651 9 80 90 | www.seehotelwiesler.de | €€€*

AUSKUNFT

TOURIST-INFORMATION TITISEE
Strandbadstr. 4 | Tel. 07652 12 06 81 20 | www.hochschwarzwald.de

ZIELE IN DER UMGEBUNG

BREITNAU (133 F2) (𝔐 D10)

Breitnau (1900 Ew.) ist ein lang gezogenes, sonniges Dorf auf der Höhe über dem Höllental. Der Ort ist der ideale Ausgangspunkt für schöne Streifzüge in die wildromantische *Ravennaschlucht,* die in das Höllental hinunterführt, und gleichzeitig den Start- und den Endpunkt des *Heimatpfads Hochschwarzwald (Infos: Tel. 07652 9 10 90 | www.heimatpfad.de)* markiert. Dessen ausgeschilderte Route führt vorbei an etlichen Mühlen, Hofsägen, Löffelschmieden und alten Schwarzwaldhöfen, die zum Teil auch besichtigt werden können.

Zwei gastronomische Adressen in Breitnau sind besonders empfehlenswert: Direkt an der B 500 liegt *Kaisers Tanne (36 Zi. | Tel. 07652 120 10 | www.kaisers-tanne.de | €€€),* ein romantisches Hotel mit raffinierter Küche, in der sich elsässische und badische Traditionen vereinen. Im *Hotelrestaurant Faller (Mi- und Do-Abend nur für Hotelgäste | Im Ödenbach 5 | Tel. 07652 9194 90 | www.hotel-faller.de | €€)* versteht man sich besonders auf frischen Fisch und die Leckereien der Region. *15 km von Titisee-Neustadt*

EISENBACH (134 B1) (𝔐 E10)

Das ehemalige Bergbaudorf (2200 Ew.) ist mit seiner ruhigen Weltabgeschiedenheit ein idealer Ausgangspunkt für schöne Wanderungen und Radtouren. Große Prachthotels oder spektakuläre Events werden Sie hier nicht finden, dafür aber romantische Ferien auf dem Bauernhof, eine einmalige Sammlung historischer Schwarzwalduhren, eine Mineralienausstellung und dazu ein Vogelkundemuseum mit 160 ausgestopften heimischen Vögeln in der Heimatstube der komplett aus Holz konstruierten *Wolfwinkelhalle (Mo, Mi, Fr 10–12 und 14–16 Uhr | Eintritt frei | Bei der Kirche 6). 10 km von Titisee-Neustadt*

FELDBERG ★ ☼

(133 E–F 2–3) (*D10–11*)

Die höchste Erhebung des Schwarzwalds (1493 m) lockt mit ihrem alpinen Skizirkus bis in den Mai hinein Wintersportler aus dem ganzen Land in den Hochschwarzwald. Die ganze Feldbergregion ist auch ein einmaliges Wandergebiet, egal, ob Sie sich auf der *Kuppe am Seebuck* bewegen, wo der Fernsehturm als Wahrzeichen in den alpinen Himmel ragt, oder ob Sie die urtümlichen Täler Richtung Menzenschwand, Oberried oder Hinterzarten erkunden. Der ☼ *Premiumwanderweg „Feldberg-Steig"* führt auf einer 12 km langen Route über Pfade mit atemberaubenden Ausblicken einmal rund um den Gipfel.

Der eiszeitliche *Feldsee* gehört zu den weiteren magischen Anziehungspunkten. Sie erreichen ihn nur zu Fuß und werden belohnt durch die bäuerlich geprägte Küche (Probieren Sie unbedingt Bibeleskäs!) des uralten *Raimartihofs* (Juni–Okt tgl. 9–19 Uhr, Nov.–Juni Di geschl. | Tel. 07676 2 26 | www.raimartihof.de | €–€€). Weitere bewirtete Wanderhütten sind im zu Unrecht fast unbekannten, wild zerklüfteten Zastler-Tal die *Zastler-Hütte* (Fr–Mi 10–18 Uhr | Tel. 07676 2 44 | www.zastler-hütte.de | €), das *Berggasthaus Grafenmatt* (Fr–Mi 9–17 Uhr | Tel. 07676 3 32 | €) direkt am Skihang Grafenmatt, auf dem Weg vom Herzogenhorn Richtung Menzenschwand die *Krunkelbachhütte* (tgl. 8.30–19 Uhr, Ostern–Aug. Do geschl. | Tel. 07675 3 38 | www.krunkelbach.de | €) oder, vom Herzogenhorn Richtung Todtnau-Gschwend, das *Berggasthaus Gisiboden* (Mai–Nov. Di–So 10–18, Dez.–April Sa, So und in den Ferien 10–18 Uhr | Tel. 07671 99 98 21 | www.gisiboden.de | €). An der Nordseite des Feldbergs lohnt die Einkehr in die *Baldenweger Hütte* (tgl. ab 10 Uhr, Nov.–April Mo geschl. | Tel. 07676 3 53 | www.baldenweger-huette.de | €). Alle die hier aufgezählten Hütten bieten auch ein kleines Kontingent an Betten, zum Teil aber in Massenlagern.

Am Seebuck-Parkplatz steht das *Haus der Natur* des Naturschutzzentrums Südschwarzwald (tgl. 10–17 Uhr | Eintritt 2 Euro | Tel. 07676 93 36 30 | www.naturpark-suedschwarzwald.de/bildungsangebote/haus-natur) mit Dauerausstel-

Breitnau: Mehr Heile-Welt-Szenerie geht kaum. Doch keine Sorge, das Höllental liegt gleich nebenan

lungen zu den Themen Holz- und Weidewirtschaft, Wintersport und Naturschutz. Ein 1,8 km langer Wichtelpfad *(von den Pfingst- bis zu den Herbstferien in Baden-Württemberg geöffnet)* präsentiert kindgerecht die Wunder und Geheimnisse der subalpinen Feldbergnatur. Start ist 200 m vom *Haus der Natur*.

Einen gastronomischen Abstecher lohnt im Ortsteil Falkau das *Gasthaus Peterle (Do geschl. | Tel. 07655 6 77 | www. hotel-peterle.de | €€)*, in dem vom Wildschweinbraten bis zum Forellenfilet äußerst gekonnt die ganze Heimat auf den Teller gebracht wird. *20 km von Titisee-Neustadt*

FRIEDENWEILER-RÖTENBACH

(134 B2) *(m E–F 10)*

Die kleine Doppelgemeinde (2000 Ew.) markiert den Übergang vom Hochschwarzwald in die Landschaft der Baar. Sie ist idealer Ausgangspunkt für Wanderungen in die wildromantische Rötenbachschlucht, die auf abenteuerlichen Wegen wiederum in die Wutachschlucht führt. Blickfang in Friedenweiler ist das ehemalige Frauenkloster und Schloss, in dem heute eine Seniorenresidenz untergebracht ist. Die Klosterkirche mit Originalmauern aus dem 15. Jh. hat von 1725–1729 der berühmte Barockbaumeister Peter Thumb ausgestattet. Im Rathaus *(Hauptstr. 24 | Mo–Fr 8.30–12, Di 14–16, Do 14–18.30 Uhr)* sind zwei Ausstellungsräume den für diesen Ort typischen Kunsthandwerkszweigen Geigenbau und Hinterglasmalerei gewidmet. *7 km von Titisee-Neustadt*

HINTERZARTEN (133 F2) *(m E10)*

Hinterzarten (2600 Ew., 12 km von Titisee-Neustadt) ist die Perle des Schwarzwalds. Der noble Kurort, Zuhause der Springerfamilie Thoma, hat dem heimischen Skisport mit dem *Schwarz-*

wälder Skimuseum (Di, Mi, Fr 14–17, Sa/So 12–17 Uhr | Eintritt 3,50 Euro | www. schwarzwaelder-skimuseum.de) ein Denkmal gesetzt. Alles andere als ein Museumsstück ist die *Adlerschanze*, die jedes Jahr im August, wenn hier das traditionelle *Sommerskispringen (Infos: Hinterzarten Breitnau Tourismus GmbH | Freiburger Str. 1 | Tel. 07652 12 06 42 | www.hinterzarten.de)* mit allen Stars der Weltelite veranstaltet wird, zum Mittelpunkt einer riesigen Party avanciert. Prominenz aus Show, Wirtschaft und Politik steigt ab im *Parkhotel Adler (78 Zi. | Adlerplatz 3 | Tel. 07652 12 70 | www. parkhoteladler.de | €€€)*, einem der ältesten (seit 1446) und führenden Hotels in Deutschland, in dem Marie Antoinette schon nächtigte.

Eine knappe Gehstunde außerhalb, im Ortsteil *Alpersbach*, finden Sie im Gasthof *Zur Esche* im *Waldhotel Fehrenbach (14 Zi. | Mi geschl. | Tel. 07652 9 19 40 | www. waldhotel-fehrenbach.de | €€–€€€)*, einem schmucken Bauernhaus, den gastronomischen **INSIDER TIPP** „Kräuterpapst" der Region. Ein von den Einheimischen gehüteter Ausflugs-, Picknick- und Badetipp ist der verschwiegen in einem Hochtal gelegene **INSIDER TIPP** *Mathisleweiher*. Er ist vom Ortsteil *Erlenbruck* rund 5 km entfernt; den letzten Kilometer müssen Sie zu Fuß gehen. Richtung Titisee gelangen Sie nach einem lockeren Spaziergang in das geschützte Hinterzartener Hochmoor, eine Hinterlassenschaft der Eiszeit, die mit schmalen Holzbohlenwegen erschlossen ist.

In das liebliche, rund 15 km entfernte Dreisamtal (133 E1) *(m D10)* wandern Sie von Hinterzarten aus über den Hinterwaldkopf (5 km) und die ☺ *Höfener Hütte (10 km | Mai–Nov. tgl. ab 11 Uhr, sonst nach Witterung | Tel. 07661 33 24 | www.hoefener-huette.de | €)*, eine zur Vesperwirtschaft umgebaute ehemalige

Viehhütte, die ihre Küchenzutaten fast ausschließlich in Bio-Qualität bezieht.

HÖLLENTAL (133 F2) (*D10*)

Obwohl das sagenumwobene Tal durch die dominierende B 31 viel von seinem früheren Liebreiz verloren hat, bietet es noch immer kulturhistorische Schätze und unvergleichliche Naturerlebnisse.

Rund um das Hofgut Sternen herrscht zwar viel touristischer Rummel, unter anderem eine Schau-Glasbläserei, aber hier finden Sie auch den Einstieg in die *Ravennaschlucht*, und es lockt der Blick auf das beeindruckende Ravenna-Eisenbahnviadukt der Höllentalbahn.

Am Ausgang des Höllentals thront immer noch, wie nun schon seit 75 Jahren,

Auf hohen Stelzen mit der Höllentalbahn durch die Schlucht: Ravenna-Eisenbahnviadukt

Die *St. Oswald-Kapelle* gilt als älteste Kirche des Hochschwarzwalds, 1147 von einem lokalen Ritter gestiftet. Im Innern befinden sich ein üppig mit Knochen und Schädeln gefülltes, leider etwas verwahrlostes Beinhaus und die Kopie des Schnitzaltars von 1520. Den Schlüssel für die Kapelle müssen sich Besucher an der Rezeption des nahe gelegenen Hotels *Sternen (44 Zi. | Tel. 07652 90 10 | www. hofgut-sternen.bestwestern.de | €€)* abholen. In diesem Haus hat 1779 Johann Wolfgang von Goethe genächtigt und gespeist, weshalb es beim Hotel auch ein Goethe-Haus mit Goethe-Zimmer gibt.

der Kupferhirsch auf seinem *Felsen am Hirschsprung,* sprungbereit, um auf der anderen Seite gleich den Fels zur Ruine der *Burg Falkensteig* zu erklimmen. Ihre kargen Reste kleben einem Geiernest gleich in den Felszacken und sind vom Hirschsprungparkplatz in knapp zehn (steilen) Gehminuten zu erreichen. *15–20 km von Titisee-Neustadt*

LÖFFINGEN (134 C2) (*F10*)

Ein romantisches Städtchen (7800 Ew.), zu dessen mittelalterlichem Kernort sechs höchst unterschiedliche dörfliche Ortsteile gehören. Zum Beispiel Dittishausen mit dem Schwarzwald-Wildpark, Bachheim mit seinen Wanderpfaden in die Wutachschlucht hinunter oder aber auch Göschweiler mit der Rochus-Kirche aus dem 9. Jh., dem vermutlich ältesten Gebäude zwischen Freiburg und Donaueschingen. Das *Heimatmuseum (Mo–Fr 9–12 und 14–17.30 Uhr)* im Gebäude der Touristeninformation führt in Löffingens Frühgeschichte und zeigt eiszeitliche Mammutzähne, die in einer nahen Kiesgrube gefunden wurden, ebenso wie Ausgrabungen aus der Zeit der alemannischen Besiedlung. Im *Heilkräuterstüble (Mi- und Sa-Nachmittag geschl. | Demetriusstr. 11 | Tel. 07654 80 78 75 | www. heilkraeuterstueble.com)* wahrt Johanna Löffler das reiche Erbe des Löffinger Heilkräuterpapstes Peter Spiegel. *12 km von Titisee-Neustadt*

ST. MÄRGEN ☀ (134 A1) (*🗺 E9*)
Von St. Märgen (1900 Ew.) und der Hochebene zwischen dem Kandel und dem Feldberg haben Sie die ▶INSIDER TIPP▶ beste Panoramasicht im ganzen Schwarzwald. Die barocke *Klosterkirche* aus dem Jahr 1718 ist mit ihren markanten Zwillingstürmen das optische Wahrzeichen St. Märgens. Regionale und sakrale Ausstellungsstücke zeigt das *Klostermuseum (So 10–13, Mai–Okt. auch Mi und Do 10–13 und 14–17 Uhr | Eintritt 3,50 Euro | Rathausplatz 1 | www.klostermuseum.de)*.

Im März, April und Oktober wird der Ort zur Rosshochburg. Dann finden in St. Märgen große Pferdeveranstaltungen statt: *Züchtertag, Pferdemarkt, Festumzug*, alle drei Jahre der *Tag des Schwarzwälder Pferdes (das nächste Mal 2013 | Infos: Tourist-Info St. Märgen | Rathausplatz 6 | Tel. 07652 12 06 83 90 | www. st-maergen.de)*. Spektakuläre und gut ausgeschilderte Routen führen ins *Hexenloch*, zu den *Zweribach-Wasserfällen* oder in das Bannwaldgebiet *Wildgutach*, wo aufgegebene Höfe von der Wildnis zurückerobert werden. *18 km von Titisee-Neustadt*

BÜCHER & FILME

▶ **Güllelochmord, Keltenkult und Kuckucksuhren, Hirschsprung** – So heißen die drei Schwarzwaldkrimis von Roland Weis. Sie nehmen augenzwinkernd das Innenleben des Hochschwarzwalds unter die Lupe.

▶ **Winteräpfel** – In Heidi Knoblichs Roman erwachen die Anfänge des Schwarzwaldtourismus und die Pioniere des Wintersports nochmal zum Leben.

▶ **Die Schwarzwaldklinik** – Einen regelrechten Touristenboom löste in den 1980er-Jahren die kitschig-romantisierende Fernsehserie „Die Schwarzwaldklinik" von Regisseur Hans-Jürgen Tögel aus. Sie spielt mit Klausjürgen Wussow und Sascha Hehn in den Hauptrollen im romantischen Glottertal. Alle Staffeln (1985–89) sowie zwei später entstandene abendfüllende Fernsehfilme (2004/05) sind als DVD im Handel.

▶ **Das kalte Herz** – In der Filmadaption (1950) des gleichnamigen Märchens von Wilhelm Hauff führt Regisseur Paul Verhoeven mit poetisch-düsteren Bilder in die Zeit der Flößer und Köhler im Nordschwarzwald zurück.

ST. PETER ⭐ (133 F1) (🏞 D9)

Das Kloster im kleinen Ort St. Peter (2500 Ew.), das schon 1093 gegründet wurde, ist bis heute kulturelles und geistliches Zentrum des Hochschwarzwalds geblieben.

barockkirche-st-peter.de). 25 km von Titisee-Neustadt

SCHLUCHSEE ⭐ (134 A3) (🏞 E11)

Das Wassersportparadies (Segeln, Surfen, Tauchen) Schluchsee (2600 Ew.) ist

Schöne Schwingungen: Rokokobibliothek im Kloster St. Peter

Die schöne *Klosterkirche,* im Barockstil nach einem Brand 1724–1727 neu errichtet, birgt ein sehenswertes Chorgitter, Gestühl, Stukkaturen und Deckengemälde. Die 1806 aufgehobene Benediktinerabtei beherbergt heute verschiedene Einrichtungen der Erzdiözese Freiburg. Die elegante Rokokobibliothek mit Handschriften aus dem 13. Jh. und der schmuckreiche Fürstensaal können im Rahmen von Führungen *(Di 11, Do 14.30, So 11.30 Uhr | Eintritt 6 Euro | www.st-peter-schwarzwald.de)* besichtigt werden. Das Kloster bietet das ganze Jahr über ein reichhaltiges klassisches Konzertprogramm an *(Infos unter www.*

in den 1920er-Jahren entstanden, als der kleine Eiszeitsee künstlich zu seiner heutigen imposanten Größe (8,73 km lang, bis 1,5 km breit) aufgestaut wurde. Die Kavernen und Staubauwerke liegen im rund 6 km entfernten Häusern und können besichtigt werden *(Führungen Do 14 Uhr und nach voreriger Anmeldung | Treffpunkt: Schwarzabruck in Häusern | Tel. 07763 9 27 88 01 31 | www.schluchseewerk.de).* Die Staumauer mit einer Kronenlänge von 250 m und einer Höhe von 63,5 m ist bis heute das größte Bauwerk im Schwarzwald.

Im Westen der Staumauer liegen im Wald bei dem Weiler *Eisenbreche*

INSIDER TIP rätselhafte keltische Steinkreise, deren Ursprung und Herkunft die Forscher bisher nicht erklären konnten. Denn nach der allgemeinen Lehrmeinung haben die Kelten im Hochschwarzwald gar nicht gesiedelt. Am *Riesenbühl,* dem Hausberg im Rücken des Orts, hat die Gemeinde nach dem Orkan Lothar aus Sturmholz einen beeindruckenden hölzernen ❄ Aussichtsturm errichtet, der den Blick auf den ganzen Schluchsee ermöglicht.

Im Ortsteil *Aha* ist direkt an der B 500 das ⏱ *Wellnesshotel Auerhahn (62 Zi. | Vorderaha 4 | Tel. 07656 9 74 50 | www. auerhahn.net | €€€)* nicht zu übersehen. Hier genießen Hotelgäste in schickem Schwarzwald-Landhaus-Ambiente außer der Badewelt vor allem heimische Küche, deren Zutaten aus regionaler und Bio-Produktion stammen.

Ein schöner Rad- und Wanderweg führt von hier aus um den Schluchsee herum und am anderen Seeufer fast unvermeidbar in die rustikale Vesperstube des uralten ⏱ *Unterkrummenhofs (Juli– Sept tgl. 10–18, Okt.–Juni Di–So 10–18 Uhr | Tel. 07656 15 00 | €),* der schläfrig unter seinem Walmdach döst. Man sieht ihm jedenfalls nicht an, dass er ganz

modern durch Sonnenenergie versorgt wird. Das *Hotel Vier Jahreszeiten (209 Zi. | Am Riesenbühl | Tel. 07656 7 00 | www.vjz.de | €€)* wiederum bietet Ihnen außer gehobener Gastronomie auch ein abwechslungsreiches Sport-, Wellness-

„HORN HEIL"

Mindestens ein Fahrer und ein Horn müssen die Ziellinie überqueren, dann wird der Schlitten gewertet, auch wenn er sonst als Kleinholz auf der Strecke geblieben ist. ● Hornschlittenrennen im Hochschwarzwald sind eine Mischung aus Gaudi, Wahnsinn und Sport. Die riesigen hölzernen Bauernschlitten mit zwei markanten Hörnern werden von zwei Piloten gesteuert. Bei ihren

Rennen in St. Märgen (meist am Neujahrstag), Waldau (Fasnachtssonntag), Hinterzarten (Anfang März) oder Menzenschwand müssen sie erst Hohlwege, Haarnadelkurven, Steilhänge und Sprungschanzen bewältigen, im Ziel dann Unmengen von Hornschnaps. *Infos: Hornochsen Neustadt | Tel. Christian Döbele 07651 36 76 | www. hornochsen.de*

Die Wutachschlucht entzückt Wissenschaftler und ganz normale Wanderer gleichermaßen

und Unterhaltungsprogramm. *23–30 km von Titisee-Neustadt*

WUTACHSCHLUCHT ⭐

(134 B–C3) (*ᗰ F11*)

Diese mit Abstand interessanteste und schönste Schlucht des gesamten Schwarzwalds ist gewissermaßen ein erdgeschichtliches Lesebuch. Vor rund 70 000 Jahren ist die Wutach, vom Feldberg kommend, noch in die Donau abgeflossen, in der beginnenden Würmeiszeit ist sie dann bei Blumberg umgeschwenkt in Richtung Hochrhein. Ihr gesamtes prähistorisches Tal hat sie mit allem Zubehör an Flora und Fauna dabei praktisch mitgenommen, sodass Geologen, Biologen wie auch Archäologen in großes Entzücken geraten, wenn sie das blank gelegte Schichtprofil studieren.

Für Wanderer sind die rund 35 km zwischen dem Einstieg bei Neustadt/Kappel-Gutachbrücke und dem Ausstieg bei Blumberg einfach ein grandioses, urwaldartiges Naturparadies, eine Art Grand Canyon des Schwarzwalds mit bis zu 200 m hohen Felswänden. Die gesamte Schlucht mit ihren rund 2500 Pflanzenarten steht unter Naturschutz. Die jeweiligen Sektionen des *Schwarzwaldvereins (Schlossbergring 15 | Freiburg | Tel. 0761 38 05 30 | www.schwarzwaldverein.de)* halten die Wanderwege und die teilweise gewagten Holzstege in der Wutachschlucht in Schuss und bieten dazu kostenlos Wanderkarten an. Der Ausflugsführer ♻ „Naturenergie Wutachregion" *(Solarforum-Hochschwarzwald e. V. | Tel. 07654 74 15 | www.naturenergie-wutachregion.de)* führt zu historischen Flusskraftwerken, zu Windmühlen, Solaranlagen und Biolandwirten rund um die Schlucht. *5–30 km von Titisee-Neustadt*

AUSFLÜGE & TOUREN

Die Touren sind im Reiseatlas, in der Faltkarte und auf dem hinteren Umschlag grün markiert

1 MIT DEM AUTO DURCH DEN NORDSCHWARZWALD

Die Schwarzwaldhochstraße B 500 von Baden-Baden nach Freudenstadt ist die berühmteste und älteste Touristenstraße des Schwarzwalds. Entlang dieser Strecke sollten Sie möglichst viele Stopps mit kleineren und größeren Spaziergängen einlegen, um die schönsten Punkte zu erreichen. Insgesamt fahren Sie etwa 60 km – ganz gemütlich an einem Tag.

Von Baden-Baden aus geht es die Schwarzwaldhochstraße zunächst recht serpentinenreich und steil auf die **Bühlerhöhe → S. 37** hinauf. Nach etwa 8 km sind die Kammlagen erreicht. Ab hier führt die Hochstraße auf der Schei-telhöhe eines lang gezogenen Höhenzugs quer durchs Gebirge.

Den ersten Stopp sollten Sie an dem bekanntesten, leider aber auch überlaufensten See des Nordschwarzwalds einlegen, am ★ *Mummelsee*, der seinen Namen den weißen Seerosen verdankt, im Volksmund *Mummeln*, die einst hier wuchsen. Die Sagen von Trollen, Nixen und Hexen am Mummelsee inspirierten auch große Geister; Eduard Mörike etwa zu seiner Ballade „Die Geister am Mummelsee". Am Ufer steht das alte, nach einem Brand vor wenigen Jahren aber aufwendig renovierte *Berghotel Mummelsee (28 Zi. | Seebach | Tel. 07842 9 92 86 | www.mummelsee.de | €€).*

Der See liegt an der Flanke der markanten, breitschultrigen **Hornisgrinde**, die

---

Bild: Tretbootfahren auf dem Mummelsee

Erkunden Sie Höhen und Tiefen des Schwarzwalds in Auto und Bahn, erwandern Sie den Wiesensteig oder radeln Sie um den Feldberg

als höchster Berg des Nordschwarzwalds (1164 m) beste Ausblicke in die Rheinebene und auf die umliegenden Höhenzüge bietet. Zum ⚜ Aussichtsturm haben sich auch einige Windrotoren gesellt. Unterhalb des Gipfels erstreckt sich ein oft nebelumhülltes Hochmoor, das durch Bohlenwege erschlossen ist.

Der nächste Aussichtspunkt, die Passhöhe ⚜ **Ruhestein**, ist ein idealer Start für Wanderungen. Ein Sessellift trägt die Wanderer von dort hinauf zum **Seekopf**. Am Ruhestein lohnt auch Spaziergang

zum malerischen **INSIDER TIPP** *Wildsee*, der wie der Mummelsee ein eiszeitlicher Karsee ist. Der Wildsee ist aber kleiner und abgelegener als der Mummelsee. Sie finden das „finstere Auge des Schwarzwalds", eingerahmt von 120 m hohen Felswänden an der Ostseite des Ruhesteins, indem Sie von der Gipfelstation des Sessellifts Ruhestein einem ebenerdigen Wanderweg ca. 2 km zum ⚜ Aussichtpunkt **Wildseeblick** folgen. Von dort führt ein steiler Abstieg hinunter zum menschenleeren Ufer.

Ebenfalls am Ruhestein zweigt die Kreisstraße 5370 Richtung Oppenau ab. Sie führt zum **Lierbach-** bzw. **Allerheiligen-Wasserfall →** S. 42 (ausgeschildert), wo das Wasser spektakulär über mehrere Felsstufen zu Tal tost.

Zurück auf der B 500 lautet die nächste Station **Schliffkopf** (1055 m), er ist so etwas wie der kleine Bruder der Hornisgrinde. Seine weitgehend waldfreie Hochfläche mit Heide- und Hochmoorcharakter steht seit 1965 unter Naturschutz. Ein 5 km langer ❧ Rundweg führt um den Gipfel herum und bietet phantastische Aussichten ins Renchtal und Richtung Baiersbronn. Erholungssuchenden sei das ❧ *Hotel Schliffkopf* empfohlen. Es punktet mit einer großartigen Aussicht über die Berge, naturnaher Küche und seinem aufwendigen „Berg-Spa" *(73 Zi. | Schwarzwaldhochstraße | Tel. 07449 92 00 | www.schliffkopf.de | €€€)*. Zurück im Auto erreichen Sie nach weiteren

10 km die **Alexanderschanze**. Die historische Verteidigungsanlage ist noch recht gut erhalten, ebenso wie in unmittelbarer Nähe die **Schwedenschanze** und die **Schwabenschanze**. Nach rund 40 km durch traumhafte, bewaldete Höhen taucht das einzige Dorf an der Route auf: **Kniebis** (1500 Ew.). Der abgeschiedene Ort ist eine Oase mitten im Wald, ehe es die letzten 15 km steil hinunter Richtung Freudenstadt geht.

② SPEKTAKULÄR DURCHS GEBIRGE MIT DER SCHWARZWALD-BAHN

Die fast 140 Jahre alte ★ ● *Schwarzwald-Bahn* von Offenburg nach Konstanz ist die imposanteste Gebirgsbahn Deutschlands. Die Fahrt im Nahverkehrszug beginnt in Offenburg und endet in Villingen. Im Stundentakt starten in Offenburg Züge Richtung Villingen. Die Fahrt dauert rund 90

Die Heide- und Hochmoorflächen lassen sich oft bequem auf Bohlenwegen erwandern

Min. Der spektakulärste Abschnitt liegt zwischen Hausach und St. Georgen. Hier bewältigt die Bahn in einer knappen Stunde 36 Tunnel und 140 Brücken.

In zwei riesigen Doppelschleifen unterhalb und oberhalb des Bahnhofs Triberg schlängelt sich die Bahn auf 26 km Schienenstrecke knapp 470 m in die Höhe. Die über 30 Tunnel (der Längste ist der 1700 m lange Sommerau-Tunnel) lassen manchmal nur wenige Sekunden Zeit, um von einer waghalsigen Bergnase herunter in den Abgrund zu blicken. An etwa zehn Terminen ab Pfingsten werden dreistündige „Romantikfahrten" angeboten. Los geht es jeweils um 14 Uhr in Triberg; die Fahrt führt im Fotografiertempo unter sachkundiger Zugbegleitung nach St. Georgen und wieder zurück. Info und Anmeldung: *Tourist-Information Triberg | Tel. 07722 86 64 90 | www.schwarzwaldbahn.net | 16 Euro*

AUF DEM MOUNTAINBIKE RUND UM DEN FELDBERG ⟳

Die einzigartige Landschaft rund um den Feldberg ist von einem Netz gut ausgeschilderter Fahrradrouten durchzogen. Eine der schönsten, aber schwierigsten Tagestouren führt einmal um den Feldberg-Gipfel und zeigt Ihnen auf 35 km über Waldwege und Sträßchen Berg- und Tallandschaften mit grandiosen Aussichten – Mountainbike und kräftige Oberschenkel empfehlenswert! Unterwegs erwarten Sie auf den Berghütten Gastgeber, deren Küche ganz bewusst nicht nur auf heimische Spezialitäten setzt, sondern auch auf sauber produzierte regionale Produkte: Nachhaltigkeit, die schmeckt.

Die Tour startet auf dem Parkplatz beim Bahnhof Bärental. Von dort rollen Sie durch luftigen Bergwald auf einer Teerstraße bis hinunter ins **Bärental**. Dann führt ein ungeteerter Wanderweg ca. 5 km gemächlich bergwärts zum idyllisch gelegenen *Feldsee*. Am Berggasthof **Raimartihof → S. 93** vorbei gelangen Sie auf meist ebenem, zuletzt ansteigendem Waldweg nach 5,5 km bis ⛷ **Rinken**, dem Aussichtspunkt hoch über Hinterzarten.

Nun geht es in abenteuerlicher Abfahrt 1 km um den Berg herum in den so genannten **Rinkendobel**. Wer nur bequem talwärts fahren will, der hat INSIDER TIPP ▸ fast 10 km stetige Abfahrt durch den Bergwald des **Zastlertals** vor sich, bis nach **Oberried** und von dort nochmals 10 km abwärts durchs wunderschöne Dreisamtal bis nach **Freiburg-Littenweiler → S. 68**, von wo ihn die Höllentalbahn im Stundentakt (Fahrzeit ca. 40 Minuten) zurück zum Ausgangspunkt der Tour bringt. Wem in Littenweiler dank der Radtour ein wenig warm geworden ist, dem sei im Sommer ein Ausflug ins erfrischende **Strandbad** am Dreisamufer ans Herz gelegt (*Schwarzwaldstr. 195 | Tel. 0761/2105560 | 4 Euro*). Unterwegs lohnt sich zwischen Oberried und Freiburg auch ein Abstecher nach **Kirchzarten**, im Ortsteil Burg am Wald können Sie Ihren Durst mit den köstlichen Fruchtsäften des **Markenhofs** löschen (*Markenhofstr. 3 | Hofladen Di, Do, Fr 9–12.30 und 14.30–18.30, Sa 8.30–13 Uhr | www.markenhof.de*).

Wenn Sie aber eine kurze Anstrengung nicht scheuen, nehmen Sie am Rinken scharf links den etwa 1 km langen Anstieg zur ⛷ **Zastler-Hütte → S. 93** in Angriff und werden belohnt durch eine zünftige Einkehrmöglichkeit und einen herrlichen Rundblick über das Zastlerund Oberriedertal.

Nach weiteren 2,5 anstrengenden Kilometern sind Sie auf ⛷ 1400 m Höhe und haben den Feldberg-Gipfel beinahe umrundet. Ab hier rollt es von allein, immer an der Bergflanke entlang, nach 1,5 km vorbei an der **St. Wilhelmer-Hütte** (Do–Di 10–17 Uhr | Tel. 07676 3 42 | www.sankt-wilhelmerhuette.de | €) und dann 1 km hinunter zur 🏔 **Todtnauer Hütte** (tgl. 9–18 Uhr | Tel. 07676 3 73 | €). Von dort fahren Sie auf einem geteerten Wanderweg zum Parkplatz an der Talstation des Seebuck-Lifts. Folgen

weg führt über zehn Kilometer durch das Renchtal oberhalb von Bad Peterstal-Griesbach. Die landschaftlich reizvolle Tour ist in drei Stunden (reine Wanderzeit) gut zu absolvieren. Für – wegen einiger Höhenmeter sehr willkommene – Verzögerung unterwegs sorgen Berghütten, Himmelsliegen und ein „Schnapsbrünnele".

In der Mineralwasserhochburg Bad Peterstal-Griesbach startet und endet der „Wiesensteig"

Sie dem schmalen Weg Richtung Liftstation, fahren an dieser vorbei in den Wald. Schilder weisen Sie Richtung Feldseekessel. Sie gelangen auf einem breiten Schotterweg, 7,5 km bergab, wieder an den Feldsee und von dort talwärts ins 4 km entfernte Bärental.

4 ZU FUSS AUF DEM „WIESENSTEIG"

Der als „Premiumweg" (Deutsches Wanderinstitut) und „Genießerpfad" (Schwarzwald-Tourismus) ausgezeichnete Rundwander-

Der Einstieg in den Steig befindet sich am Parkplatz „Weiherplatz". Diesen erreichen Sie mit dem Auto (über die B 28) folgendermaßen: In Bad Griesbach zwischen den Hotels *Kimmig* und *Adlerbad* in die Straße „Wilde Rench" einbiegen. Der Straße bis zum **„Weiherplatz"** folgen (ist ausgeschildert). Dort sprudelt unter Bäumen die **Wilde Rench** zu Tal, an deren Ufer Sie sich zunächst südwärts bewegen. Bereits nach einer guten Viertelstunde erreichen Sie das **Gasthaus Herbstwasen** (Mi geschl. | Wilde Rench 68 | Tel. 07806 6 27 | www.herbstwasen. de | €). Auf der großen Sonnenterrasse serviert man Ihnen den „Wiesensteigteller": Sauerbraten mit Bärlauchspätzle und Salatteller.

Anschließend zeigt der Weg, woher er seinen Namen hat: An den Hängen breiten sich die Wiesen in der Sonne aus, verziert mit spärlich verteilten Kirschbäumen. Allenthalben erwartet den Wanderer ein „Bänkle", um den Blick hinab ins Tal und auf die Hänge ringsum zu genießen.

Nach etwa einer Stunde zweigt der Fußweg zum **Hotel Dollenberg → S. 53** ab, falls Sie als Ziel dieser Wanderung Sterneküche bevorzugen. Falls nicht, überquert der Wanderweg bald die Rench, Sie haben nun – topografisch betrachtet – den Tiefpunkt der Tour erreicht. Passend dazu, wie sich das für einen Tiefpunkt eben gehört, erwartet den Wanderer ein **„Schnapsbrünnele"**. Trinken Sie am Wegesrand ein Schwarzwälder Kirschwasser oder einen Himbeerlikör. In einem kleinen Korb liegen frische Äpfel bereit. Wasser ist ebenfalls im Angebot. Das „Kässle" freut sich derweil über eine Spende für die genossenen Leckereien.

Entsprechend gestärkt sind Sie nun fit für die Westhänge des Renchtals. Der Weg steigt tüchtig an, selbst redselige Wanderkumpanen werden etwas schweigsamer. Bald ist aber Platz für die nächste Pause, nämlich auf den **„Himmelsliegen"**. Die fest montierten, stählernen Liegestühle erlauben nicht nur einen Blick ins tiefe Himmelblau, sondern auch auf die Hänge gegenüber. Wo sich das Ferienparadies des Hotel Dollenberg so prominent breitmacht, dass man fast meinen könnte, dessen Besitzer hätte die Himmelsliegen spendiert. Gewissermaßen als kleine Werbeunterbrechung auf dem sonst so malerischen „Steig". Anschließend geht es noch steiler den Berg hinauf, dieser Teil präsentiert sich als sportlichster der ganzen Route. Vor

der Sonne schützt nun dichter Wald, was ein Trost bei höheren Temperaturen ist. Und nach zwei Stunden blinzelt endlich die **Renchtalhütte → S. 53** zwischen dem Laub hindurch. Allerdings hoch oben, ein paar Höhenmeter lauern noch. Sei's drum, geben Sie ruhig ein bisschen Gas, auf der Hütte werden Sie für all Ihre Mühen belohnt!

Auf der Hütte angekommen bietet sich Ihnen auf der 🌿 Terrasse hinter großen Geranienkübeln eine herrliche Aussicht über das Tal. Kulinarisch wird vom Speckbrett über den Wurstsalat bis hin zum Rumpsteak alles in verlässlicher Spitzenqualität serviert. Werfen Sie einen Blick auf die Tageskarte, im süßen Fach gehört die Schwarzwälder Kirschtorte zu den besten zwischen Pforz- und Schopfheim. Kinder toben auf dem großen Spielplatz, den sie sich mit Ziegen und frei laufenden Kaninchen teilen. Tipp: Da die Hütte auch mit dem Auto zu erreichen ist (Anfahrt über die „Wilde Rench", dann ausgeschildert), bietet sie sich ebenfalls als Start- und Zielpunkt für diese Wanderung an.

Wer gut zu Fuß ist, benötigt nach dem genossenen Mahl keine Stunde mehr für den Weg zurück zum „Weiherplatz", der nunmehr ohne Anstiege auskommt. Der „Wiesensteig" hat sich jedoch in einen „Waldsteig" verwandelt, die Strecke führt beinahe komplett zwischen gewaltigen Tannen hindurch. Man kann sich gut vorstellen, welche prächtigen Schiffsmasten Bäume wie diese einst abgegeben haben. Die Niederländer hatten im 17. und 18. Jh. ganze Segelflotten mit den hohen, gerade gewachsenen Stämmen aus dem Schwarzwald ausgerüstet. Weshalb man diese Bäume bis heute „Holländer" nennt.

Zu guter Letzt trifft der Wanderer im Wald wieder auf die Wilde Rench, die ihn bis zum „Weiherplatz" begleitet.

SPORT & AKTIVITÄTEN

Der Schwarzwald ist traditionell ein Wintersportgebiet, vor allem der Nord- und der Hochschwarzwald. Die herrliche Landschaft lädt aber auch zum Wandern, Radfahren und Skaten ein. Einige Seen sind Surf- und Segelreviere. Wer es beschaulich mag, kann angeln, golfen, Ballon fahren und Gleitschirm fliegen.

ABENTEUERSPORT

Angebote zu Wildnis- und Abenteuertouren gibt es vor allem im Hochschwarzwald mit Klettern, Bogenschießen, Kanufahren und Überlebenstraining. Wochenpauschalen ab 50 Euro. *Zwerger & Raab (Hinterzarten | Freiburger Str. 31 | Tel. 07652 5494 und 07652 5606 | www.zwerger-raab.de)*; *Adven-* *ture World/Murgtal Arena (Forbach | Schifferstr. 1 | Tel. 07228 969170 | www.adventureworld-forbach.de)*; *Wildsport Tours (Freiburg | Tel. 0761 3845445 | www.wildsport-tours.de)*.

ANGELN

In fast allen Seen und größeren Flüssen ist Angeln grundsätzlich erlaubt, Sie müssen sich aber über die jeweilige Kurverwaltung eine Angelkarte besorgen.

BOGENSCHIESSEN

Ein Bogensporthotel unterhält in Eisenbach die Familie Wursthorn mit dem **INSIDER TIPP** *Hotel Bad (36 Zi. | Tel. 07657 471 | www.bogensporthotel.de | €)*. Es

Rasant oder lieber elegant? Im Schwarzwald nehmen Tempobolzer Ski und Mountainbike – andere schweben durch die Natur

gibt einen Feld- und Jagdbogenparcours sowie eine Bogensporthalle und zwei Fita-Plätze (70 und 90 m).

GLEITSCHIRM

Gleitschirmflüge *(Schnupperkurs 1 Tag 80, 2 Tage 120 Euro)* bietet im Nordschwarzwald *Sky Sports Bent Beilharz (Sankenbachstr. 76 | Baiersbronn | Tel. 0172 8 63 42 97 | www.sky-sports.de)*. Im Südschwarzwald ist die *Drachen- und Gleitschirmschule Skytec (Langackerweg*

7 | Freiburg | Tel. 0761 4 76 63 91 | www. skytec.de) eine Adresse für Schnuppertage ab 60 Euro.

GOLF

Für Golfer ist der Schwarzwald quasi Diaspora. Es gibt nicht viele, dafür aber sehr eigenwillige 18-Loch-Plätze in landschaftlich einmaliger Lage. Einen Überblick bietet die kostenlose Broschüre „Golfurlaub im Schwarzwald" *(Tel. 0761 88 58 11 33 | www.schwarzwald-tourismus.de)*.

KLETTERN

Die anspruchsvollen Kletterfelsen am Westhang des Schwarzwalds unterliegen saisonalen Beschränkungen, die Sie bei der örtlichen Touristeninformation erfragen. Etwa 4 km vom Zentrum Baden-Badens entfernt liegt am Berg Battert der berühmte *Battertfelsen* mit 400 Kletterrouten *(Kletterkurse und Infos unter Tel. 07221 7 28 31 | www.alpinsport-ts.de)*. Die größte Auswahl an offiziellen Kletterfelsen aller Schwierigkeitsgrade bieten die Landkreise Waldshut *(Tel. 07751 8 60)* und Breisgau-Hochschwarzwald *(Tel. 0761 2 18 73 73)*, beide im Südschwarzwald. Weitere Felsen – auch im Mittleren, im Süd- und im Hochschwarzwald – wie z. B. den Räuberfelsen in Oberried, hat die Datenbank des Deutschen Alpenvereins im Angebot: *www.dav-felsinfo.de.* Sämtliche Kraxel-Optionen der Region präsentiert ferner das Buch „Schwarzwald Rock": Alle 35 Klettergebiete im Schwarzwald von Katja und Stefan Wagenhals. Einen Überblick über die Hochseil- und Klettergärten der Region finden Sie beim *Europäischen Verband der Hochseilgärten (www.erca.cc).*

NORDIC WALKING

Innerhalb kurzer Zeit hat sich dieser Sport vom Trend zur Massenbewegung entwickelt. Über 60 Gemeinden im Schwarzwald werben mit Nordic Walking und bieten fürs flotte Gehen mit Stöcken Touren und Lehrgänge an. Infos unter *www.nordic-walking-infos.de* oder *www. schwarzwald-tourismus.de | Tel. 0761 88 58 11 33.* Das üppige Nordic-Walking-Angebot des Deutschen Skiverbands in der Region (Strecken, Kurse etc.) gibt's unter *www.deutscherskiverband.de.*

RADFAHREN

Bei *Schwarzwald-Tourismus* gibt es Broschüren für Tourenradler, Mountainbiker, Rennradler und neuerdings auch E-Biker *(Tel. 0761 88 58 11 33 | www.*

Der Schwarzwald ist für Mountainbiker eine der attraktivsten Gegenden Deutschlands

schwarzwald-tourismus.de), sie listen alle Radfernwege auf, informieren über die Pauschalarrangements „Radwandern ohne Gepäck" und nennen Adressen fahrradfreundlicher Hotels und Pensionen. Tourenübersichten gibt es auch unter *www.schwarzwaldbike.de.*

REITEN

Ein roter Pferdekopf auf gelbem Grund ist die Wegmarkierung des Badischen Reiterpfads, der von Rastatt durch den Schwarzwald bis nach Basel führt. Über Wanderreitstationen und Reiterhöfe in der Region informieren folgende Webseiten: *www.wanderreiten-im-naturpark-suedschwarzwald.de, www.wanderreiten-nordschwarzwald.de.* Gleiches gilt für den Prospekt „Reiten", den Schwarzwald-Tourismus herausgibt *(Tel. 0761 88 58 11 33 | www.schwarzwald-tourismus.de).*

SCHNEESCHUHWANDERN

Im Zuge des Trapper-Trends bieten Skischulen und Kurverwaltungen vor allem im Hochschwarzwald geführte Wanderungen an. Am Feldberg sind schon mehrere offizielle Trails ausgeschilderte.

WANDERN

Im Schwarzwald sind hunderte Kilometer Wanderwege ausgeschildert. Jede Gemeinde pflegt ein eigenes Wegenetz. Überregional gibt der *Schwarzwaldverein (Schlossbergring 15 | 79089 Freiburg | Tel. 0761 38 05 30 | www.schwarzwaldverein.de)* Tourenempfehlungen. Der bekannteste Wanderweg quer durch den Schwarzwald ist der Westweg von Pforzheim nach Basel, den man in mehreren Tagesetappen abwandern kann. Wer unterwegs nicht in Hotels übernachten will, ist gut versorgt mit den Wanderheimen des Touristenvereins *Naturfreunde (Tel. 030 29 77 32 80 | www.naturfreundehaeuser.de).* Voranmelden!

WASSERSPORT

Das schönste Segel- und Surfrevier ist der *Schluchsee.* Tauchkurse bietet dort die *Tauchschule M. Lang (Tel. 07656 98 89 47).* Ein schönes Segelgewässer ist auch der *Nagoldtalsee (Infos: Segelvereinigung Nordschwarzwald | Seestr. 62 | 72297 Seewald-Erzgrube | Tel. 07033 3 21 88 | www.svnnagold.de).* Wildwasserfahrten auf den Schwarzwaldflüssen sind wegen des Naturschutzes meist nur zu bestimmten Zeiten erlaubt und nur für Fortgeschrittene ratsam. Ansprechpartner ist der *Badische Kanu-Verband (Tel. 06234 30 51 56 | www.kanu-baden.de).*

WINTERSPORT

1891 wurde am Fuß des Feldbergs in Todtnau Deutschlands erster Skiclub gegründet. Seither ist die Feldbergregion (900–1500 m) das alpine Zentrum des Schwarzwalds, heute mit einer über 20 Liftanlagen umfassenden Skiarena, darunter anspruchsvolle schwarze Pisten wie die FIS-Strecke am Ahornbühl. In guten Wintern beginnt die Saison am Feldberg Ende November und endet Anfang Mai.

Eher familiäre alpine Angebote bietet im nördlichen Schwarzwald die Skiarena Schwarzwald-Hochstraße (700–1000 m). Nordisches Zentrum mit vielen attraktiven Loipen ist im Mittelschwarzwald die Region um Triberg, Schonach, Schönwald und St. Georgen (900–1200 m). Ausgesprochene Snowboardgebiete – teils mit eigenen Snowboardliften – sind Hinterzarten und der Seebuck am Feldberg. Ski- und Schneetelefone *0761 88 58 11 33* und unter *www.schwarzwald-tourismus.de.*

MIT KINDERN UNTERWEGS

Der Schwarzwald ist prädestiniert für Familienferien. Fast alle Kurorte bieten in den Urlaubsmonaten Kinderprogramme an, etwa Spiel- und Animationspartys in Freibädern oder auf Bauernhöfen. Es gibt auch Spannendes in freier Natur, z. B. Wanderungen mit dem örtlichen Revierförster. Mehr als 20 Ferienorte im Schwarzwald tragen das Prädikat „familienfreundlich" des Landes Baden-Württemberg.

NÖRDLICHER SCHWARZWALD

ADVENTURE-GOLFPARK ENZKLÖSTERLE (127 D5) (*ø G4*)
Ein abenteuerliches Minigolferlebnis für die ganze Familie. Schwarzwaldtypische Bahnen, als Flussauen, Wälder, Bergwiesen oder Felsen gestaltet, verlangen besonderes Geschick. Die Golfbälle müssen über Steine, Holzkugeln oder einen Wasserfilm dirigiert werden. Im Sommer *(Mai–Sept.)* schmeißen die Betreiber freitags das Flutlicht an, dann darf bis 22 Uhr „geputtet" werden. *April–Okt Di–So 10–18, Mai–Sept. bis 20 Uhr | Eintritt 4, Kinder 2 Euro | www.adventure-golfpark.de*

INSIDER TIPP ▶ BARFUSSPARK DORNSTETTEN ● (131 D1) (*ø G5*)
Ein außergewöhnliches Kinderparadies. Hier dürfen Kinder (und Erwachsene) den 2,5 km langen Abenteuerpfad barfuß absolvieren. Der Weg führt durch Matsch und Wasser, über Kies und Rinde, über Wiesen- und Waldboden. *Mai–Mit-*

Bild: Brunnenanlage auf dem Marktplatz von Freudenstadt

Auf in den Barfußurlaub: Familienfreundliche Kurorte übertreffen sich gegenseitig mit ihren Ferienangeboten für den Nachwuchs

te Okt. tgl. 9–20 Uhr | Eintritt frei | www.
barfusspark.de

WILDNISPFAD (126 B5) (🗺 E4)
Das Trümmerfeld als Trimm-Dich-Pfad: Auf den Höhen über Baden-Baden schlängelt sich dieser 4,5 km lange Weg durch ein Gebiet, in dem die Sturmschäden des Orkans „Lothar" (Dez. 1999) ganz bewusst sich selbst überlassen wurden: Die Familien klettern über umgestürzte Stämme, erklimmen für einen Blick über das Schlamassel den ✹ *Adlerhorst* samt

Hängebrücke und legen ein Päuschen auf Waldliegen im *Buchendom* ein. Und rasch wird klar: Die Wildnis ist noch immer der spannendste Spielplatz! *Frei zugänglich | Info und Einstieg direkt an der B 500, Höhe Hotel Plättig | Eintritt frei*

MITTLERER SCHWARZWALD

PARK MIT ALLEN SINNEN GUTACH
(130 A4) (🗺 E7)
2100 m Waldweg, die barfuß zu bewältigen sind. Auf dem Rundkurs massieren

Sand, Kiesel, Schlamm, Rindenmulch, Tannenzapfen und Gräser die Fußsohlen. Für Kinder gibt es Stationen, an denen sie Tiergeräuschen lauschen, Felle streicheln, Waldgerüche riechen und die Köpfe in hohle Baumstämme stecken können. *März/April/Okt. tgl. 10–18, Mai–Sept. tgl. 10–19 Uhr | Eintritt 5, Kinder ab 3 Jahre 3,50 Euro | www.parkmitallensinnen.de*

TAUBERGIESSEN BOOTSFAHRTEN
(128 C3–4) (ᗰ B–C7)

Das Naturschutzgebiet Taubergießen am Altrhein bei Kappel-Grafenhausen (4900 Ew.) gilt als eins der schönsten Flussauengebiete in Europa. Das Geflecht von Kanälen, Tümpeln, Sümpfen und Bächen umfasst rund 18 km². In dieses geschützte Dschungelgebiet darf man mit Booten fahren. Für einen Familienausflug empfiehlt sich professionelle Führung *(Taubergießen-Bootsfahrten Kirner | Kappel-Grafenhausen | Turmstr. 18 | Tel. 07822 86 58 34 | www.taubergiessen-bootsfahrten.de | pro Person 10, Kinder bis 12 Jahre 6 Euro)* durch Leute, die die schönsten Stellen und die sichersten Routen kennen.

SÜDLICHER SCHWARZWALD

BARFUSSPFAD BAD SÄCKINGEN
(133 E6) (ᗰ D13)

In Bad Säckingen lockt ein 420 m langer Barfußpfad mit Wildgehege *(Beschilderung: Rote Füße Barfußpfad)*. Auch hier müssen Kinder über Sand, Kies, Rindenmulch, Matsch und durch Wasser. Vor allem der Matschplatz ist ein Anziehungspunkt, es empfiehlt sich, die Kinder gleich in Badehosen loszuschicken. *Eintritt frei*

BERGWILDPARK STEINWASEN
(133 E2) (ᗰ D10)

Der Bergwildpark Steinwasen in Oberried bei Freiburg ist ein Mix aus Zoo, Wildpark und Freizeitpark. Das macht den in einer felsigen Bergwelt angelegten Park so spannend. Über die 216 m lange Erlebnisseilbrücke schwingt man in 30 m Höhe über einer Schlucht. Es

Klasse Alternative, wenn es in der Ferienwohnung mal Krach mit Mama gibt: ein Iglu

gibt eine Sommerrodelbahn, den achter-bahnähnlichen „Gletscherblitz" und den „Spacerunner". *April/Mai und Mitte Sept.– Okt. tgl. 10–16.45, Juni–Mitte Sept. tgl. 9–17.45 Uhr | Eintritt inkl. Fahrgeschäfte 19, Kinder 16 Euro, Geburtstagskinder Eintritt frei | www.steinwasen-park.de*

INSIDER TIPP ▶ MAISFELDLABYRINTH OPFINGEN *(132 C1) (Ⓜ B9)*

Zwischen Freiburg und seinem Stadtteil Opfingen geistern Sie von Mitte Juli bis Mitte September über verschlungene Pfade. Jedes Jahr wird ein neues Motto für die „Feldfrisur" festgelegt, während der Tour durchs Labyrinth müssen die Kinder stets ein paar Fragen beantworten. Für die richtigen Antworten gibt's am Ende auch einen Preis. Zusätzlich thematisch passende Veranstaltungen. *tgl. 11 Uhr bis Sonnenuntergang | Waldmösle 2 | Freiburg-Opfingen | Erwachsene 4, Kinder ab 3 Jahre 3 Euro*

HOCHSCHWARZWALD

AQUA FUN SCHLUCHSEE
(134 A3) (Ⓜ E11)

Das Freibad direkt am Ufer des Schluchsees ist das landschaftlich schönste Spaßbad des Schwarzwalds. Die 80 m lange Riesenrutsche führt direkt in den See. Für Animationsprogramm (Kinderspiele im Wasser, am Strand und auf der Liegewiese) sorgt eine Riesenente, das Schluchsee-Maskottchen „Paddel-Paule". *Mai–Sept. tgl. 9–19 Uhr | Eintritt 4 Euro, Kinder 2,70 Euro*

SCHWARZWALDPARK LÖFFINGEN
(134 C2) (Ⓜ F10)

Die schöne Parkanlage liegt im Löffinger Ortsteil Dittishausen und ist mit den Freigehegen für einheimische Tiere (Wildschweine, Damwild, Wölfe, Luchse, Bergziegen) und einige Exoten (Affen,

Bisons) besonders geeignet für einen Familienausflug.
Überall im Park sind INSIDER TIPP ▶ Grillplätze angelegt. Sommerrodelbahn, Wildwasserbahn, Floßfahrten, Mini-Motorbike-Parcours, Modellbootfahren

Mit der Piratencrew einen der vielen Seen unsicher machen

und eine Greifvogelschau sorgen für Abwechslung. Der zentrale Eingangsbereich des Parks ist überbaut mit einer Riesenkletterburg. Auf der „Park-Arena", eine Art Open-Air-Bühne, werden Shows und Animationsprogramme geboten. Im Winter steht den Besuchern eine große Indoor-Spielhalle zur Verfügung. Saisonal variierende Öffnungszeiten, ein vorheriger Anruf bzw. Blick auf die Website ist empfehlenswert. *Tel. 07654 80 85 60 | www.schwarzwaldpark.de | Wildparkstr. | Eintritt inkl. Fahrgeschäfte Erwachsene 16, Kinder ab 4 Jahre 13 Euro*

EVENTS, FESTE & MEHR

FEIERTAGE

1. Januar *(Neujahr)*; **6. Januar** *(Hl. Drei Könige)*; **Karfreitag; Ostermontag; 1. Mai** *(Tag der Arbeit)*; **Christi Himmelfahrt; Pfingstmontag; Fronleichnam; 3. Oktober** *(Tag der Deutschen Einheit)*; **1. November** *(Allerheiligen)*; **25. und 26. Dezember** *(Weihnachten)*. Fasnetmändig (Rosenmontag) ist zwar kein gesetzlicher Feiertag, wird aber von Ämtern, Schulen und Einzelhandel eisern so behandelt.

FESTE & VERANSTALTUNGEN

JANUAR/FEBRUAR

▶ *Schlittenhunderennen* in Todtmoos und Bernau

▶ ● *Alemannische Fasnet:* z. B. ▶ *Narrensprung* in Rottweil, wo frühmorgens auf ein Signal hin Tausende Narren durchs Stadttor springen und die Stadt wecken, ▶ **INSIDER TIPP** *Bach-na-Fahrt* in Schramberg, ▶ *Schuttigumzug* im Elztal und ▶ *Buurefasnet* mit Scheibenschlagen immer eine Woche nach der offiziellen Fasnet

MÄRZ

▶ *Hornschlittenrennen* im Südschwarzwald

▶ *Pferdezüchtertag* in St. Märgen

▶ **INSIDER TIPP** *Horn-Marathon* in Menzenschwand *(s. S. 92)*

▶ *Puppentheater-Tage* in Gernsbach

APRIL

▶ *Weißer Sonntag* mit Kindern in Tracht in St. Märgen, St. Peter und im Kinzigtal

▶ *Uhren-Sammlerbörse* in Eisenbach

▶ *Müllheimer Weinmarkt:* der älteste seiner Art in ganz Baden, seit 1872

MAI

▶ *Mühlentag.* Am Pfingstmontag öffnen die Schwarzwaldmühlen Besuchern ihre Türen

▶ *Badische Weinmesse* in Offenburg

▶ *Frühjahrsmeeting:* Galopprennen in Baden-Baden, Iffezheim

JUNI

▶ *Zelt-Musik-Festival* in Freiburg

▶ *Internationales Klavierduo-Festival* in Bad Herrenalb (alle zwei Jahre, das nächste findet 2013 statt)

▶ *Hirsauer Klostersommer:* Freilufttheater in der Klosterruine

▶ *Fronleichnamsprozession.* Besonders prachtvoll in Hüfingen

▶ *Bad Herrenalber Sommernachtstheater* an der Klosterruine

Höhepunkt ist die Fasnet – wild und ausgelassen wird sie gefeiert. Und jede Narrenzunft pflegt ihr eigenes alemannisches Brauchtum

JULI

▶ *Internationales Orgelfest* in Waldkirch (alle drei Jahre, das nächste findet 2014 statt)

▶ *Stimmen-Festival* in Lörrach, Open-Air-Konzerte mit namhaften Pop-, Blues-, Soul- und Rockkünstlern

▶ *Seenachtsfest* in Titisee und Schluchsee

▶ *Musikfestival Rossini* in Bad Wildbad

▶ *Hornberger Schießen* (6 Vorstellungen bis Sept.) in Hornberg

▶ *Floßhafenfest* in Wolfach: Mehrere Hundert zu einem Floß zusammengefügte Baumstämme werden stromabwärts rangiert.

AUGUST

▶ INSIDER TIPP ▶ *Feldberger Laurentiusfest* (10. Aug.) mit Freiluftgottesdienst und Festbetrieb auf Viehhütten

▶ *Waldshuter Chilbi:* einwöchiges Heimatfest mit historischem Trachtenumzug

▶ *Hinterzartener Sommer-Skispringen*

▶ *Antik-Uhrenmesse* in Furtwangen

▶ *Holzbildhauersymposium* in St. Blasien

SEPTEMBER

▶ *Zwetschgenfest* in Bühl

▶ *Öchsle-Fest* (Wein- und Mostfest) in Pforzheim

▶ *Weinfest Offenburg:* eine Verkostung der ganzen Ortenau

OKTOBER

▶ *Donaueschinger Musiktage:* Treffen der musikalischen Avantgarde

NOVEMBER

▶ *Historischer Katharinenmarkt* (Kätterlismärkt) in Seelbach (Totensonntag)

DEZEMBER

▶ *Adventskalender* in Schonach (tgl. ein anderes Haus) und in Gengenbach (24 Kunstmotive in den 24 Rathausfenstern)

▶ *Weihnachtsmärkte.* Besonders empfehlenswert in Freiburg

ICH WAR SCHON DA!

Drei User aus der MARCO POLO Community verraten ihre Lieblingsplätze und ihre schönsten Erlebnisse

MODE & BOHNE

Wir fahren mindestens zweimal im Jahr nach Schiltach im Kinzigtal. In erster Linie um uns im Modehaus Trautwein neu einzukleiden – neben Lederwaren und Trachten gibt es auch eine große Auswahl an aktueller und exquisiter Mode. Gekrönt wird der Shopping-Trip durch eine Schwarzwälder Kirschtorte und einen Einspänner in der „Kaffebohne". Das Café liegt direkt am Marktplatz, der von romantischen Fachwerkhäuschen umgeben ist. Bei all den dargebotenen Köstlichkeiten sollte man allerdings immer im Blick haben, dass man danach auch noch in die neu erworbenen Klamotten passt. **Gerli aus Achern**

BERGHOF

Meine Frau und ich fahren häufig ins Enzklösterle, dort liegt die Gasthof-Pension „Berghof", in der wir schon ein paar Mal übernachtet haben. Das Essen ist gutbürgerlich und genau nach unserem Geschmack. Der Berghof liegt sehr ruhig inmitten der schönen Natur – perfekt, um sich eine Auszeit vom hektischen Stadtleben zu gönnen. **Helle aus Pirmasens**

GLASHÜTTE BUHLBACH

Durch Zufall entdeckten wir die Glashütte in Buhlbach bei einer unserer Wanderungen. Dort wird von der harten Arbeit der Glasbläser vor über 250 Jahren im besinnlichen Buhlbachtal berichtet. Das Museum hat leider nur von Mai bis Oktober Mittwochnachmittags geöffnet. **Burgy aus Stuttgart**

Haben auch Sie etwas Besonderes erlebt oder einen Lieblingsplatz gefunden, den nicht jeder kennt? Gehen Sie einfach auf www.marcopolo.de/mein-tipp

EIGENE NOTIZEN

LINKS, BLOGS, APPS & MORE

LINKS

▶ www.marcopolo.de/schwarzwald Interaktive Karten inklusive Planungsfunktion, Impressionen aus der Community, aktuelle News und Angebote …

▶ mp.marcopolo.de/swa1 *Die freyi Enzyklopedy* auf Alemannisch, so bleibt der Dialekt samt Lebensart auch im digitalen Zeitalter aktuell – herrlich zu lesen!

▶ www.badische-seiten.de Vom alemannischen Wörterbuch über die Rubrik *Badischer Wein* bis hin zu Fasnet bietet diese Seite einen digitalen Ritt durch die gesamte Region

▶ fudder.de Junges, bereits preisgekröntes Portal der Freiburger. Hier erfahren Sie, was in der Breisgau-Metropole gerade angesagt ist, was man trägt und worüber die Stadt gerade spricht

▶ www.schwarzwald-tv-klinik.de Obwohl die „Schwarzwaldklinik" seit gefühlten Generationen nicht mehr neu produziert wurde, bewahrt dieser Fanclub das TV-Erbe – und hat sogar eine Unterschriftenaktion für neue Folgen ins Leben gerufen

BLOGS

▶ mp.marcopolo.de/swa2 Eine Mundartdichterin und Redakteurin der Badischen Zeitung erklärt die Welt gerade so, wie ihr buchstäblich der Schnabel gewachsen ist – sprachgewandte Heimatpflege

▶ mp.marcopolo.de/swa3 Der Autor ist Pressesprecher des Fußball-Bundesligisten SC Freiburg. Dazu ein Schandmaul, eine Spürnase und ein sehr unterhaltsamer Beobachter heimischer Alltagskuriositäten

▶ rainerundclaudia.de Rainer und Claudia nehmen für ihren großen Wander-Blog im wilden Südwesten regelmäßig kilometerweise Schwarzwaldgeläuf in Angriff, illustrieren es auch in der Rubrik *Outdoor-Fotografie* und bieten ihren Lesern damit appetitliche Wanderrezepte für das ganze Jahr

Egal, ob Sie sich auf Ihre Reise vorbereiten oder vor Ort sind: Mit diesen Adressen finden Sie noch mehr Informationen, Videos und Netzwerke, die Ihren Urlaub bereichern. Da manche Adressen extrem lang sind, führt Sie der kürzere mp.marcopolo.de-Code direkt auf die beschriebenen Websites

VIDEOS & STREAMS

▶ www.regiowebcam.de Sie möchten sich vor Ihrer Reise in die Region ein Bild von selbiger machen? Oder morgens nachsehen, wie die Wetterverhältnisse auf dem Feldberg sind? Hier bekommen Sie Livebilder von Baden-Baden bis zum Markgräflerland

▶ mp.marcopolo.de/swa4 Auch die lokale Presse hat bewegte Bilder zu bieten: Nachrichten, Stimmungen und Geschichten aus dem Schwarzwald

▶ www.tv-suedbaden.de Der Regionalsender in Freiburg stellt sein Programm auch auf seiner Website zur Verfügung. Neben Nachrichten über Politik, Kultur, Wirtschaft und Sport gibt es auch eine Wandersendung sowie eine Talkshow. In der „Mediathek" finden Sie Beiträge der letzten drei Monate archiviert

APPS

▶ Hosentaschenranger für den Feldberg Dank GPS weiß Ihr Smartphone, wo Sie sich gerade auf dem Berg befinden und spielt passend zum Ort ein heiteres Info-Filmchen von und mit Feldberg-Ranger Achim Laber ab. Außerdem Infos zum Berg, dem Wandergebiet und den Hütten in der Nähe. Funktioniert auch offline

▶ Kuckucksuhr HD Bei dieser App erscheint die Kuckucksuhr auf dem Display und läuft. Man kann ein bisschen am Gehäuse rumwurschteln und zur vollen Stunde … Sie können sich's schon denken

NETWORK

▶ mp.marcopolo.de/swa5 Hier trifft sich die Hochschwarzwald-Community u. a. mit aktuellen Bildern, Schneeberichten und Kommentaren zum Leben auf dem Dach des Schwarzwalds. Auch lokale Veranstaltungshinweise, Hunderte von Fans

▶ mp.marcopolo.de/swa6 Ein junges Mitglied in der großen Facebook-Familie ist das Wiesentäler Textilmuseum, das auch Tipps zur näheren Umgebung bietet. Einfach nach dem Besuch ein Feedback einstellen und Erlebnisberichte hochladen. Das Museumsteam kann noch ein paar Fans gebrauchen

▶ mp.marcopolo.de/swa7 Was den Schwarzwald bewegt, pfeift bei Twitter diesmal der Kuckuck von den Dächern. Hier brodelt die lokale Gerüchteküche, wird die Sockenqualität der „Strick-Omas" gerühmt *(s. S. 122)* und frenetisch die Ankunft des Sommers bzw. des ersten Schnees gefeiert

PRAKTISCHE HINWEISE

ANREISE

🚌 Von Norden nehmen Sie auf der A 8 Karlsruhe–Stuttgart die Ausfahrt Pforzheim. Die A 5 Frankfurt–Basel bietet westliche Anbindungen wie Baden-Baden, Offenburg und Freiburg. Im Osten tangiert die A 81 Stuttgart–Singen den Schwarzwald; wichtigste Anschlüsse sind Horb, Oberndorf, Villingen-Schwenningen und Geisingen. Von Süden sind die wichtigsten Zugänge die B 317 ab Lörrach und die B 500 ab Waldshut.

🚆 Von den größeren Intercity-Bahnhöfen Karlsruhe, Offenburg, Freiburg und Baden-Baden fahren sowohl die Schwarzwaldbahn Offenburg–Donaueschingen als auch die Höllentalbahn Freiburg–Titisee–Schluchsee in den Schwarzwald. Bequem ist der Nachtreisezug City-Night-Line (www.citynightline.ch). Wer mehrere Übernachtungen bucht, sollte nach dem Schwarzwald-Ticket fragen. Es bietet günstige Sonderkonditionen bei Anreisen von mehr als 100 km, ist aber nur buchbar über den Ferienort oder bei Schwarzwald Tourismus GmbH (Tel. 0721 37 20 53 88 | tourismus@kmkg. de) in Karlsruhe. Die Zuganreise von Osten ist nicht empfehlenswert, denn sie führt über weitgehend unbedeutende Nahverkehrsstrecken.

✈ Der nächstgelegene internationale Flughafen ist der Baden-Airpark in Baden-Baden, im Süden ist der Airport Basel-Mulhouse-Freiburg (mit Flughafenbusanbindung, 60 km bis nach Freiburg) am günstigsten, im Norden der Flughafen Stuttgart. Auch die Flughäfen Frankfurt, Straßburg und Zürich sind entfernungsmäßig noch ganz brauchbare Alternativen. Passagierflüge ausschließlich für die Anreise in den Europapark Rust bietet der neue Black Forest Airport in Lahr.

GRÜN & FAIR REISEN

Auf Reisen können auch Sie mit einfachen Mitteln viel bewirken. Behalten Sie nicht nur die CO_2-Bilanz für Hin- und Rückflug im Hinterkopf (www.atmosfair.de), sondern achten und schützen Sie auch nachhaltig Natur und Kultur im Reiseland (www. gate-tourismus.de; www.zukunft-reisen.de; www.ecotrans.de). Gerade als Tourist ist es wichtig, auf Aspekte zu achten wie Naturschutz (www. nabu.de; www.wwf.de), regionale Produkte, Fahrradfahren (statt Autofahren), Wassersparen und vieles mehr. Wenn Sie mehr über ökologischen Tourismus erfahren wollen: europaweit www.oete.de; weltweit www.germanwatch.org

AUSKUNFT

SCHWARZWALD-TOURISMUS
Tel. 0761 88 58 11 33 | www.schwarz wald-tourismus.de

CAMPING

Im Schwarzwald gibt es an die 70 Campingplätze, die meisten davon bieten auch Wintercamping. Wildes Zelten ist verboten, außer man holt sich die Erlaubnis bei einem Landwirt. Einen guten Überblick liefert die Broschüre „Camping & Caravan", kostenlos zu beziehen bei *Schwarzwald-Tourismus (Tel. 0761 88 58 11 33 | www.schwarzwald-tourismus.de).*

FERIEN AUF DEM BAUERNHOF

Ein Urlaubsquartier auf einem Bauernhof bedeutet Erlebnis und Spaß für die ganze Familie in idyllischer Natur, mit Tieren zum Anfassen und Produkte aus eigener Herstellung und gibt Einblicke in die landwirtschaftliche Arbeit. Viele Bauern haben Spezialangebote wie etwa die „romantische Heunacht" oder Urlaub auf dem Ponyhof im Programm. Bei Schwarzwald-Tourismus gibt es die Broschüre „Ferien auf dem Bauernhof" *(Tel. 0761 88 58 11 33 | www.schwarzwald-tourismus.de)*, weitere Infos unter *www.bauernhofurlaub.de.* Informativ ist auch die Seite des *Arbeitskreises Kinderbauernhöfe* in Donaueschingen *(www.kinder-bauernhoefe.de),* die die beteiligten Höfe auflistet.

FERIENWOHNUNGEN

Die Zahl der Pensionen und Höfe, die im Schwarzwald Ferienwohnungen anbieten, ist kaum zu überblicken. Dennoch haben sich Tourismus-Experten die Arbeit gemacht und gewaltige Datenbanken angelegt. Allein mehr als 4000 Ferienwohnungen mit Fotos und Angaben zur Ausstattung listet *www.schwarzwald-tourismus.de* auf. Dort können Sie die Wohnungen auch gleich buchen. Telefonisch berät man Sie unter *Tel. 0761 88 58 11 33.* Ein weiteres Portal heißt *www.holidayinsider.com,* das fast 1000 Ferienwohnungen auf dem Server hat.

JUGENDHERBERGEN

23 Jugendherbergen im Schwarzwald bieten günstige Übernachtungen in schöner Landschaft. Erforderlich ist ein gültiger Ausweis des *Deutschen Jugendherbergswerks.* Informationen und Ausweise beim *Landesverband Baden-Württemberg (Tel. 0711 16 68 60 | www.djh.de)*

WAS KOSTET WIE VIEL?

Kaffee	2–3 Euro
	für eine Tasse
Skilift	10–25 Euro
	für eine Tageskarte
Wein	3–5 Euro
	für eine Viertele
Wurstsalat	6–10 Euro
	für eine Portion
Disko	4–8 Euro
	Eintritt
Kurtaxe	1–2,50 Euro
	pro Tag

MOTORRAD

Viele Kurorte sind für Motorradfahrer gesperrt, auch manche Bergstrecke (z. B. Schauinsland) darf nicht immer von Motorrädern befahren werden. Trotzdem ist der Schwarzwald mit seinen kurvenreichen Sträßchen ein Eldorado für Motorradfahrer. Etliche Hotels sind besonders auf Biker eingestellt. Einen Überblick bietet der „Motorradführer Schwarzwald", zu beziehen über die Touristeninformation oder über *www.sunrise-bike-travel.de | Gerbergasse 2 | 79379 Müllheim | Tel. 07631 17 18 95.*

NATURSCHUTZ

Der gesamte Südschwarzwald und der Nordschwarzwald sind als Naturpark ausgewiesen. Es gelten dort z.T. sehr strenge Regeln (kein Feuer machen, Wege nicht verlassen, Bade- und Kletterverbot, keine Tiefschneefahrten abseits der Pisten, keine Pflanzen mitnehmen). In den besonders herausragenden Naturschutzgebieten Wutachschlucht und Feldbergregion im Südschwarzwald sind als *Wutachranger* und *Feldbergranger* eigens ausgebildete Naturschützer unterwegs, um auf die Einhaltung der Vorschriften zu pochen und über die Spielregeln zu informieren. Infos im

Haus der Natur (Dr.-Pilet-Spur 4 | 79868 Feldberg | Tel. 07676 93 36 60 | www. naturpark-suedschwarzwald.de).

OBERRHEINISCHER MUSEUMSPASS

Das Ticket nicht nur für den Schwarzwald, sondern auch für Frankreich und die Schweiz, ist ein Jahr lang gültig und gewährt Ihnen freien Eintritt in 190 Museen in der Region. Der Pass kostet 73 Euro pro Person, im Preis inbegriffen sind aber auch 5 Kinder unter 18 Jahren. Urlauber dürfte der *Kurzzeitpass* interessieren, der 48 Stunden lang gültig ist und 26 Euro kostet. Sie erhalten ihn online oder bei den Tourist-Informationen z.B. in Freiburg und Schopfheim. Eine Liste der teilnehmenden Museen sowie die Möglichkeit zur Online-Bestellung finden Sie unter *www.museumspass.com*.

ÖFFENTLICHE VERKEHRSMITTEL

„Konus" (Kostenlose Nutzung des Nahverkehrs) heißt das Projekt zur Gratisnutzung der öffentlichen Verkehrsmittel für Schwarzwaldurlauber. Mit der Konus-Gästekarte dürfen Urlauber Bahnen und Busse in ihrer Ferienregion kostenlos und unbeschränkt nutzen. Über 70 Orte und sechs Verkehrsverbünde decken fast den gesamten Geltungsbereich im Schwarzwald ab. Die teilnehmenden Orte finanzieren den Service durch einen Aufschlag bei der Kurtaxe von 20 Cent pro Übernachtung.

ORIGINAL SCHWARZWALD

... nennt sich eine junge Sulzburger Reise- und Eventagentur, die fleißig an der Entstaubung des Schwarzwald-Images arbeitet. Dort können Sie eine Patenschaft für ein glückliches Schwarzwälder Huhn übernehmen, sich von Münstertäler Großmüttern Socken stricken (und anschließend nach Hause schicken) lassen und einen Kurs im Fliegenfischen buchen. Nebenbei wird mal 24 Stunden am Stück durch den Wald gewandert oder ein Seilbahnmast am Belchen eingestrickt. Das alles gewürzt mit viel alemannischem Dialekt, einem Schwarzwald-Blog und munterem Facebook-Getrommel ergibt die Erkenntnis, dass das „Original" aus frischer Kreativität und tiefen Wurzeln besteht. Ui, wer hätte das gedacht? *Tel. 07634 5 69 56 26 | www.original-schwarzwald.de*

SCHWARZWALDCARD

Von Juni bis Anfang November bietet die Karte ermäßigten Eintritt in mehr als 130 Freizeiteinrichtungen im Schwarzwald (u.a. Museen, Bergbahnen, Schaubergwerke, Spaßbäder). Sie kostet 32 Euro (Kinder 21 Euro) bzw. 57 Euro (Kinder 48 Euro) mit Europapark und kann in der Saison an drei beliebigen Tagen unbegrenzt genutzt werden. Die Karte gibt es bei allen Kurverwaltungen und in vielen Hotels oder online unter *www. schwarzwald-tourismus.de.*

STADT- UND ERLEBNISFÜHRUNGEN

Grusel, Gegacker und Gänsehaut statt trockener Faktenflut: Munter und unterhaltsam verwandeln schauspielerische Stadt- und Erlebnisführungen den Schwarzwald in eine große Bühne. Zum Beispiel in Freiburg veranstaltet *Historix-Tours* mal gruselige, mal witzige Führungen durch die nächtliche Altstadt. Dabei trägt der Stadtführer gern das Gewand eines Nachtwächters und – als Erken-

nungszeichen – eine Laterne. Die Touren haben verheißungsvolle Namen wie „Bürger, Galgen, Alte Häuser" oder „Werwolf, Hexen, Satansbraut" und lassen einem zuweilen das Blut in den Adern gefrieren. Ganz nebenbei lernt man noch eine Menge über Stadt und Geschichte *(Tel. 0179 116 07 22 | www.historix-tours.de).* Unterhaltsames weiß auch der einmalige „Geißefidel" (ein Schauspieler, der einen Ziegenhirten mimt) auf dem *Belchengipfel* über Land und Leute zu erzählen *(Tel. 07634 5 69 56 26 | www.original-schwarzwald.de). Bad Säckingen* bietet neuerdings eine musikalische Trompeterführung durch die Stadt an *(Tel. 07761 5 68 30 | www.bad-saeckingen-tourismus. de)* und den *Morlokhof* in *Baiersbronn* erklärt Ihnen ein Schauspieler, der sich höchst unterhaltsam als sagenumwobener Ex-Bewohner und Wunderheiler ausgibt *(Tel. 07442 4 70 | www.bareiss.com).*

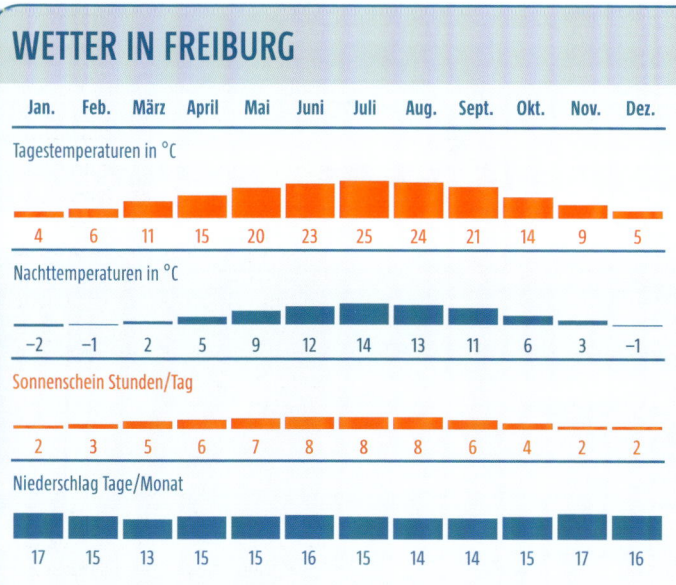

WETTER IN FREIBURG

	Jan.	Feb.	März	April	Mai	Juni	Juli	Aug.	Sept.	Okt.	Nov.	Dez.
Tagestemperaturen in °C	4	6	11	15	20	23	25	24	21	14	9	5
Nachttemperaturen in °C	−2	−1	2	5	9	12	14	13	11	6	3	−1
Sonnenschein Stunden/Tag	2	3	5	6	7	8	8	8	6	4	2	2
Niederschlag Tage/Monat	17	15	13	15	15	16	15	14	14	15	17	16

REISEATLAS

Die grüne Linie ▬▬ zeichnet den Verlauf der Ausflüge & Touren nach
Die blaue Linie ▬▬ zeichnet den Verlauf der Perfekten Route nach

Der Gesamtverlauf aller Touren ist auch in
der herausnehmbaren Faltkarte eingetragen

Bild: Kloster St. Trudpert im Münstertal

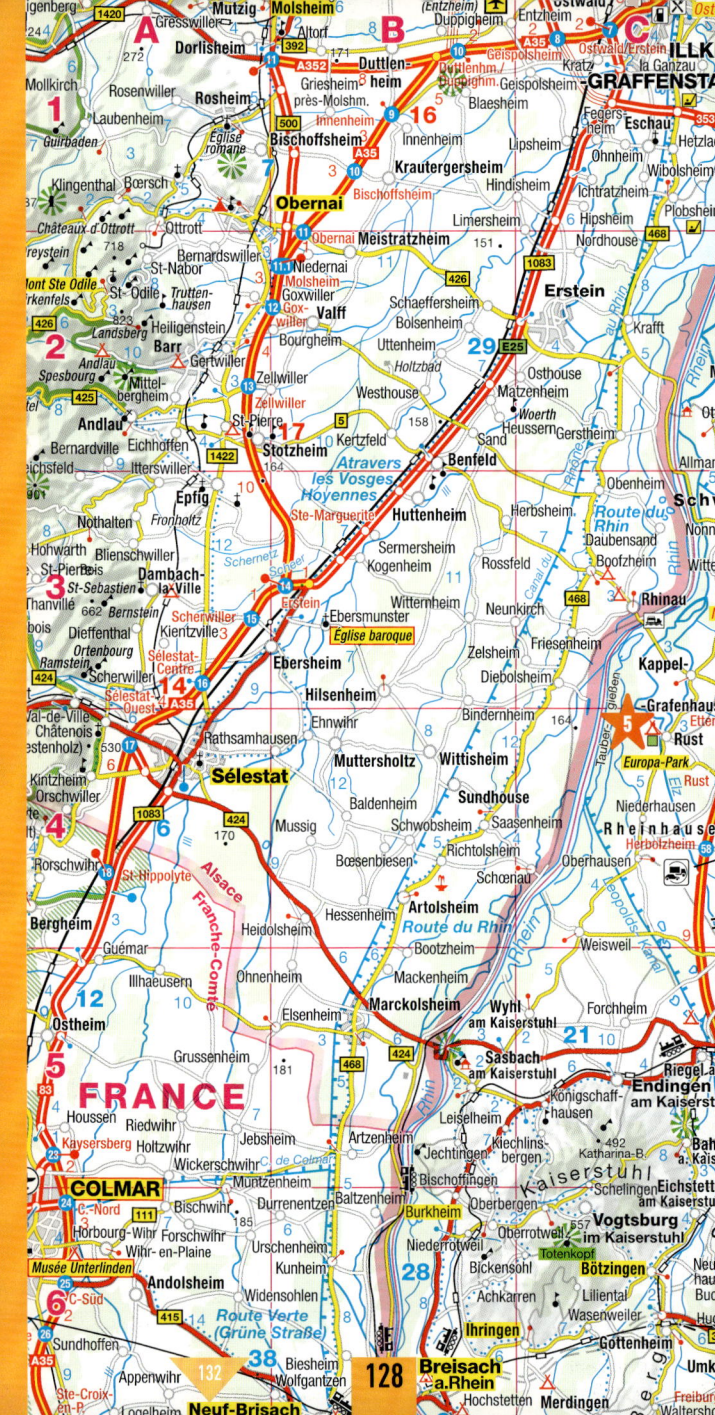

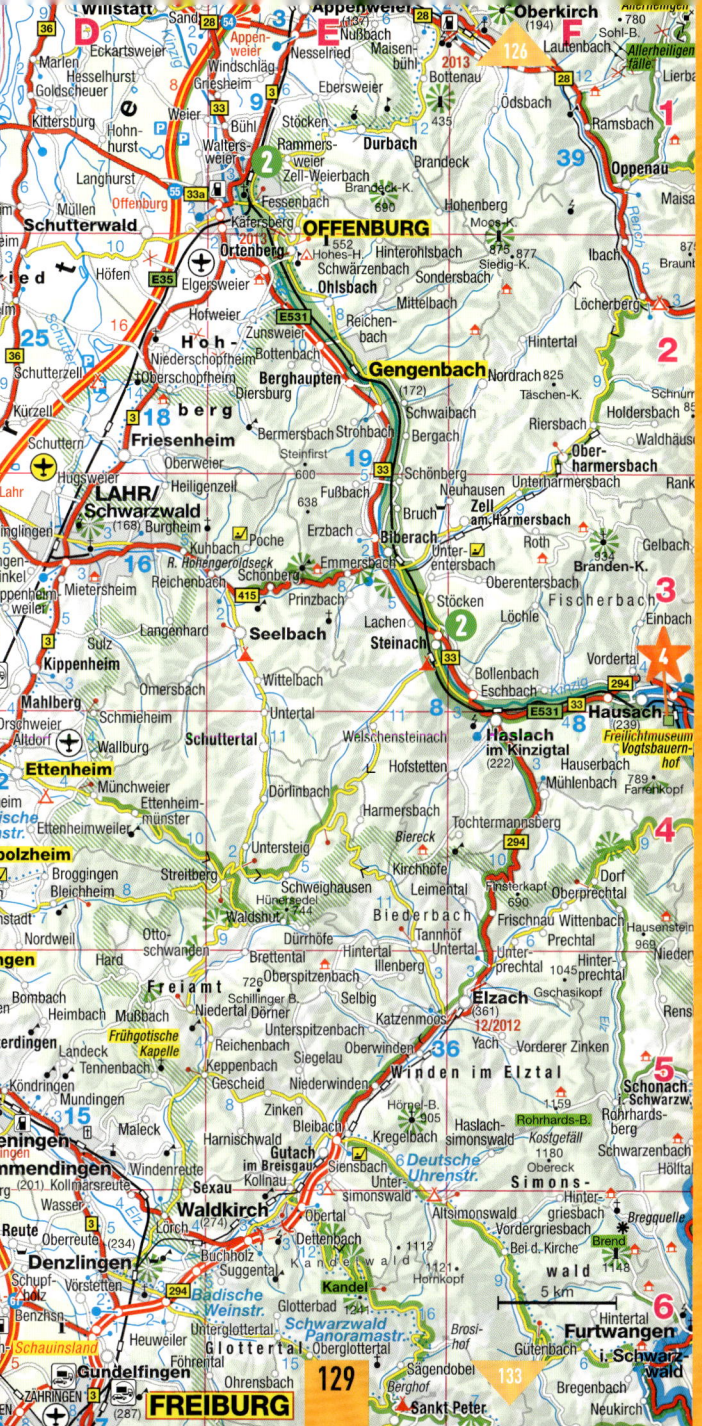

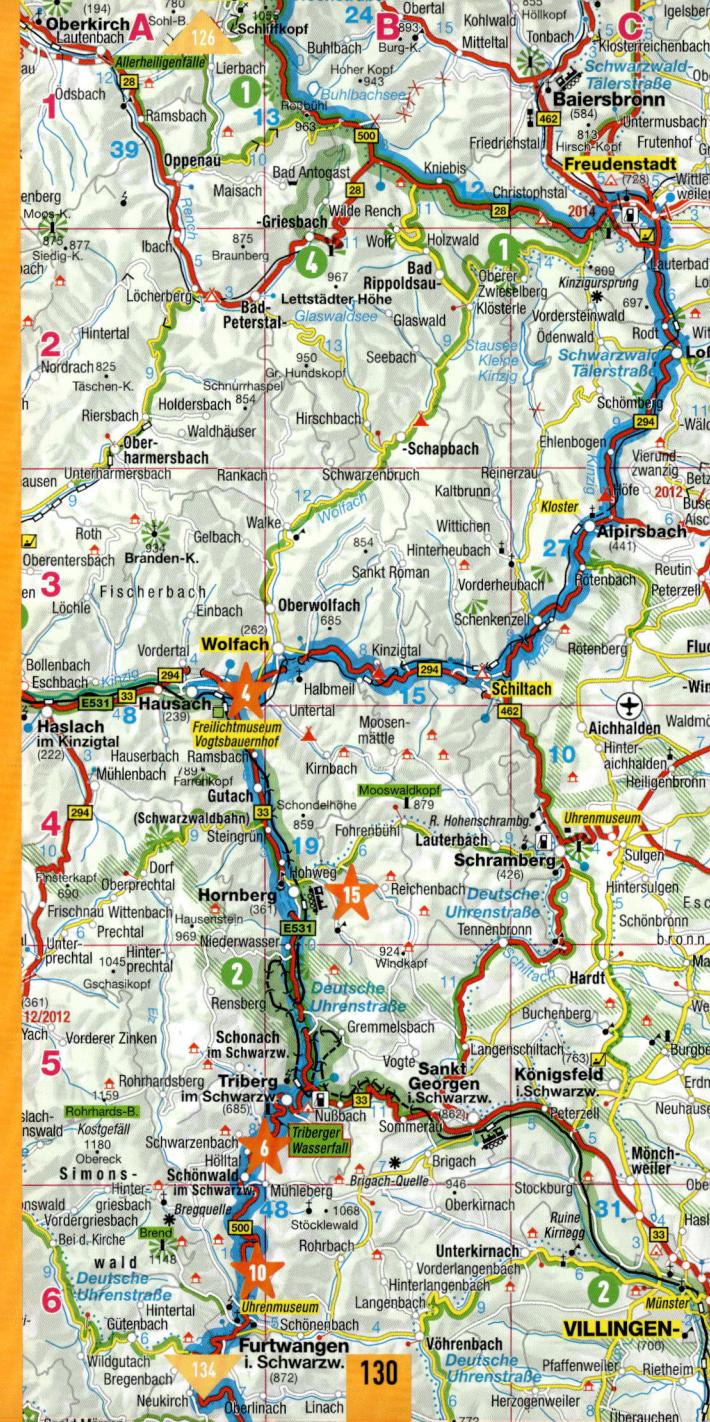

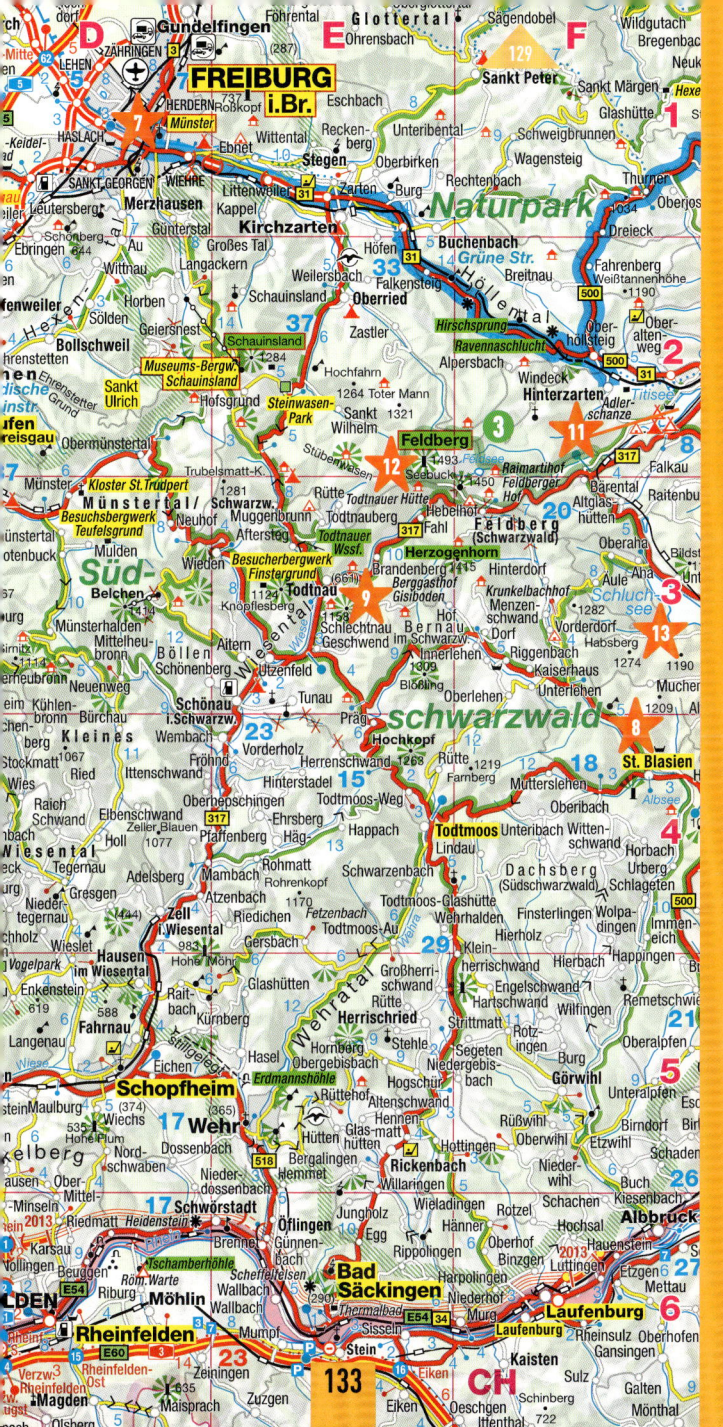

KARTENLEGENDE

Autobahn mit Anschlussstelle und Anschlussnummer		Motorway with junction and junction number
Autobahn in Bau mit voraussichtlichem Fertigstellungsdatum	Datum · Date	Motorway under construction with expected date of opening
Rasthaus mit Übernachtung · Raststätte	Kassel	Hotel, motel · Restaurant
Kiosk · Tankstelle		Snackbar · Filling-station
Autohof · Parkplatz mit WC	P	Truckstop · Parking place with WC
Autobahn-Gebührenstelle		Toll station
Autobahnähnliche Schnellstraße		Dual carriageway with motorway characteristics
Fernverkehrsstraße		Trunk road
Verbindungsstraße		Main road
Nebenstraßen		Secondary roads
Fahrweg · Fußweg		Carriageway · Footpath
Gebührenpflichtige Straße		Toll road
Straße für Kraftfahrzeuge gesperrt		Road closed for motor vehicles
Straße für Wohnanhänger gesperrt		Road closed for caravans
Straße für Wohnanhänger nicht empfehlenswert		Road not recommended for caravans
Autofähre · Autozug-Terminal		Car ferry · Autorail station
Hauptbahn · Bahnhof · Tunnel		Main line railway · Station · Tunnel
Besonders sehenswertes kulturelles Objekt	Neuschwanstein	Cultural site of particular interest
Besonders sehenswertes landschaftliches Objekt	Breitachklamm	Landscape of particular interest
Ausflüge & Touren		Trips & Tours
Perfekte Route		Perfect route
MARCO POLO Highlight		MARCO POLO Highlight
Landschaftlich schöne Strecke		Route with beautiful scenery
Touristenstraße	Hanse-Route	Tourist route
Museumseisenbahn		Tourist train
Kirche, Kapelle · Kirchenruine Kloster · Klosterruine		Church, chapel · Church ruin Monastery · Monastery ruin
Schloss, Burg · Burgruine Turm · Funk-, Fernsehturm		Palace, castle · Castle ruin Tower · Radio or TV tower
Leuchtturm · Windmühle Denkmal · Soldatenfriedhof		Lighthouse · Windmill Monument · Military cemetery
Ruine, frühgeschichtliche Stätte · Höhle Hotel, Gasthaus, Berghütte · Heilbad		Archaeological excavation, ruins · Cave Hotel, inn, refuge · Spa
Campingplatz · Jugendherberge Schwimmbad, Erlebnisbad, Strandbad · Golfplatz		Camping site · Youth hostel Swimming pool, leisure pool, beach · Golf-course
Botanischer Garten, sehenswerter Park · Zoologischer Garten		Botanical gardens, interesting park · Zoological garden
Bedeutendes Bauwerk · Bedeutendes Areal		Important building · Important area
Verkehrsflughafen · Regionalflughafen		Airport · Regional airport
Flugplatz · Segelflugplatz		Airfield · Gliding site
Boots- und Jachthafen		Marina

ALLE **MARCO POLO** REISEFÜHRER

REGISTER

In diesem Register sind alle im Reiseführer erwähnten Sehenswürdigkeiten und Ausflugsziele sowie einige wichtige Begriffe und Persönlichkeiten aufgeführt. Gefettete Seitenzahlen verweisen auf den Haupteintrag.

SCHREIBEN SIE UNS!

SMS-Hotline: 0163 6 39 50 20

E-Mail: info@marcopolo.de

Egal, was Ihnen Tolles im Urlaub begegnet oder Ihnen auf der Seele brennt, lassen Sie es uns wissen! Ob Lob, Kritik oder Ihr ganz persönlicher Tipp – die MARCO POLO Redaktion freut sich auf Ihre Infos.
Wir setzen alles dran, Ihnen möglichst aktuelle Informationen mit auf die Reise zu geben. Dennoch schleichen sich manchmal Fehler ein – trotz gründ-

licher Recherche unserer Autoren/innen. Sie haben sicherlich Verständnis, dass der Verlag dafür keine Haftung übernehmen kann. Kontaktieren Sie uns per SMS, E-Mail oder Post!

MARCO POLO Redaktion
MAIRDUMONT
Postfach 31 51
73751 Ostfildern

IMPRESSUM
Titelbild: Wehratal bei Todtmoos, Schwarzwaldhof, picture alliance: Fieselmann
Fotos: W. Dieterich (2 o., 4, 8, 29, 34, 45, 49, 54, 70, 73, 77, 98/99); DuMont Bildarchiv: Fieselmann (56, 58, 62/63, 65, 90, 97, 108), Schneider (115); R. Freyer (Klappe l., 2 M.o., 2 M.u., 2 u., 6, 7, 12/13, 15, 18/19, 23, 24/25, 27, 28/29, 30 l., 32/33, 39, 40, 42/43, 44, 50/51, 60, 61, 66, 67, 75, 79, 83, 85, 92/93, 102, 112, 118 o., 118 u., 124/125); Huber: Schmid (Klappe re., 3 o., 68/69, 110/111, 113, 114/115), Spiegelhalter (10/11, 106/107, 114); © iStockphoto.com: Maxym Boner (16 u.), Jaap2 (16 o.), Ladida (17 o.); Laif: Barth (88), Emmler (26 l.), Raach (52); Look: Fleisher (20), Greiner (28), Merz (3 M., 86/87); mauritius images: Alamy (5, 80), foodcollection (26 r.), Hackenberg (30 r.), Mader (104); mauritius images/imagebroker: Keller (119), Wackenhut (3 u., 37, 100/101), Wiesler (82, 94/95); picture alliance: Fieselmann (1 o.); Schmuckmuseum Pforzheim: Gonzalez (47); Schwarzwald: Mathias Stalter, Frankfurt (16 M.); Staatsbad Wildbad GmbH (9); F. Wachsmann (1 u.), Wellness & Vitalhotel Mangler: Andreas Große (17 u.)

13. Auflage 2013
Komplett überarbeitet und neu gestaltet
© MAIRDUMONT GmbH & Co. KG, Ostfildern
Chefredaktion: Michaela Lienemann (Konzept, Chefin vom Dienst), Marion Zorn (Konzept, Textchefin)
Autor: Roland Weis; Bearbeiter: Florian Wachsmann; Redaktion: Christina Sothmann
Verlagsredaktion: Anita Dahlinger, Ann-Katrin Kutzner, Nikolai Michaelis
Bildredaktion: Gabriele Forst
Im Trend: wunder media, München
Kartografie Reiseatlas: © MAIRDUMONT, Ostfildern; Kartografie Faltkarte: © MAIRDUMONT, Ostfildern
Innengestaltung: milchhof:atelier, Berlin; Titel, S. 1, Titel Faltkarte: factor product münchen

BLOSS NICHT ☝

Ein paar Dinge, die Sie im Schwarzwald beachten sollten

ANFASSEN

Bauernläden, Wochenmärkte, Hofverkauf: Die regionalen Produkte werden oft rustikal angeboten. Das heißt aber nicht, dass man jeden Käse dreimal in die Hand nehmen und umdrehen darf.

PISTEN VERLASSEN

Snowboarder und Skifahrer sollten sich an die markierten Pisten und Loipen halten. Wer abseits im Wald die Tiefschneerouten sucht, scheucht Wild aus der Winterruhe auf und stresst es unnötig. Zudem beschädigen harte Skikanten die vom Forstamt mühsam gepflanzten Baumsetzlinge unter dem Schnee.

SPECK SCHNEIDEN

Wer sein Speckvesper hübsch mit Messer und Gabel seziert, der macht sich zum Gespött der ganzen Wirtschaft.

AUTO IM WALD

Ein Schild „Wanderparkplatz" meint, was es sagt: Hier das Auto abstellen, den Rest zu Fuß gehen! Versuchen Sie nie, entlegene Ziele über land- und forstwirtschaftliche Wege zu erreichen.

ERNTEKLAU

Winzer und Obstbauern zäunen ihre Plantagen selten ein. Das ist aber keine Einladung zur Selbstbedienung. Wer erwischt wird, muss mit saftigen Geldstrafen rechnen.

DIALEKT IMITIEREN

Versuchen Sie erst gar nicht, so zu reden wie die Einheimischen. Entweder Sie machen sich selbst lächerlich oder Sie geben die Einheimischen der Lächerlichkeit preis.

DRÄNGELN

Am Skilift ist Drängeln die schlimmste Sünde. Bleiben Sie gelassen, auch wenn die Schlange lang ist.

ÜBER WIESEN GEHEN

Vom 1. Mai bis Ende Oktober des Jahres ist es im Schwarzwald überall verboten, über offene, noch ungemähte Wiesen zu gehen, etwa um Wege abzukürzen.

KUHSTALLTOURISMUS

Sie lieben es auch nicht, wenn wildfremde Menschen einfach in Ihr Wohnzimmer stiefeln. Auch ein noch so alter Bauernhof ist kein Freiluftmuseum. Und selbst wenn eine Kuhstalltür offen steht, bedeutet das nicht, dass Sie eingeladen sind, Ihren Kindern am lebenden Objekt den Unterschied zwischen Euter und Schwanz zu erklären. Wenn Sie wirklich mal in einen Kuhstall oder unter das Walmdach eines Schwarzwaldhofs schauen wollen, fragen Sie den Bauern, erklären Sie ihm, warum, interessieren Sie sich für sein Tagewerk und vermeiden Sie jede Besserwisserei.